Deutschlands Altenpflegesystem braucht keine weitere Reform, sondern einen radikalen Systemwechsel. Die Pflegeversicherung hat ein planwirtschaftliches System fehlgeleiteter Zuteilung geschaffen, von dem mächtige Lobbygruppen und gut organisierte Betrüger mehr profitieren als Pflegebedürftige. Die Zustände in vielen Heimen sind elend, und auch zu Hause werden die Menschen nicht so versorgt, wie sie sich das wünschen und es verdienen.

Dort, wo eine würdige, ganzheitliche Betreuung dennoch gelingt, geschieht das im Widerstand gegen dieses System – und nicht mit seiner Unterstützung.

Dieses Buch verdeutlicht, warum das bestehende System nicht zu retten ist und zeigt anhand von Beispielen aus dem In- und Ausland auf, dass eine andere, menschenwürdige und dennoch bezahlbare Pflege möglich ist.

Christoph Lixenfeld ist seit 1994 freier Journalist. Seitdem schrieb er unter anderem für das *Handelsblatt*, die *Süddeutsche Zeitung* und den *Spiegel*, produzierte Hörfunkfeatures für den NDR und Deutschlandfunk sowie TV-Beiträge für ARD-Magazine. Mit dem Thema Altenpflege beschäftigt er sich seit 15 Jahren. 2008 erschien ein erstes Buch zum Thema mit dem Titel «Niemand muss ins Heim». Er lebt und arbeitet in Berlin und Hamburg.

Christoph Lixenfeld

Schafft die Pflegeversicherung ab!

Warum wir einen Neustart brauchen

Rowohlt
Taschenbuch
Verlag

Originalausgabe
Veröffentlicht im Rowohlt Taschenbuch Verlag,
Hamburg, Februar 2020
Copyright © 2020 by Rowohlt Verlag GmbH, Hamburg
Covergestaltung zero-media.net, München
Satz aus der Thesis Antiqua, InDesign
Gesamtherstellung CPI books GmbH, Leck, Germany
ISBN 978-3-499-00175-8

Inhalt

Vorwort

Als ich zum ersten Mal für ein Buch zum Thema Pflege recherchierte, das war 2006, und Freunden oder Kollegen davon erzählte, fragten mich viele, ob ich eine persönliche Motivation dazu hätte, einen Pflegefall in der Familie zum Beispiel. Die Antwort lautete stets: nein. Mein Vater lebte bereits damals nicht mehr, er verstarb 2001 «nach kurzer schwerer Krankheit», wie man in solchen Fällen wohl sagt. Meine Mutter dagegen war gesund und munter.

Auch für das Gros meiner Freunde und Bekannten war Altenpflege kein Thema. Weil es sie mit Anfang bis Mitte vierzig nicht betraf. Ihre Eltern waren zu jung, um pflegebedürftig zu sein, und die Großeltern in der Regel schon verstorben.

2018 dann begann die Arbeit an diesem Buch. Und zu diesem Zeitpunkt war die Situation nicht nur in meiner Familie eine deutlich andere.

Wie viele meiner Altersgenossen – anders als ich – selbst Angehörige pflegen, erfuhr ich erst, als ich anfing, gelegentlich über die Situation meiner Mutter zu berichten. Natürlich versuchten einige meiner Gesprächspartner daraufhin, so schnell wie möglich das Thema zu wechseln. Andere aber fühlten sich ermutigt, ebenfalls von ihrer Familie zu erzählen. So erfuhr ich, warum eine Kollegin plötzlich wieder zurück in ihre Heimatstadt gezogen war – und nach einem Jahr ebenso unvermittelt zurückkehrte. Warum ein anderer Kollege – obwohl er ganz in der Nähe wohnte – immer wieder ablehnte, wenn ich vorschlug, zum Kaffee vorbeizukommen, um über ein gemeinsames Projekt zu sprechen. Beide versorgten zu Hause einen Angehörigen. Und ich hörte eine ganze Reihe solcher Berichte.

Viele dieser Familienarrangements werden zu Dramen, weil die Beziehung zwischen den Beteiligten ohnehin kompliziert bis belastet ist und sich durch die erzwungene Nähe und den Pflegestress sorgfältig zugeschüttete Gräben wieder auftun – und weil die Strukturen in unserem Land alles andere als perfekt sind, um Familien bei dieser Herausforderung optimal zu unterstützen.

Hinzu kommt, dass eigentlich niemand, mit dem ich gesprochen habe, auf diese Situation vorbereitet war. Weil man sich kaum darauf vorbereiten kann. Wer noch nie mit Pflege zu tun hatte, stellt sich nicht vor, was das im Detail bedeutet. Und man will es sich auch nicht vorstellen. Insgeheim hoffen wir alle, dass diese Herausforderung an uns vorübergeht, dass niemand in unserer Familie über längere Zeit gepflegt werden muss.

Diese Verdrängung auf individueller Ebene ist bis zu einem gewissen Grad gesund, ohne könnten wir gar nicht leben.

Was aber nicht gesund ist, das ist die kollektive Verdrängung bei diesem Thema, die die Politik betreibt. Um diese Form der Verdrängung geht es in diesem Buch, dafür liefert es unzählige Beispiele. Und es beschreibt ihre verheerenden Folgen.

Die Politik verdrängt seit Jahrzehnten die systemimmanente Vernachlässigung in vielen Pflegeheimen, weil sie sich nur mit radikalen Maßnahmen abstellen ließe. Diese Maßnahmen zu ergreifen, dazu fehlt der Mut.

Anstatt die Probleme anzugehen, delegiert die Politik sie an die Pflegeversicherung und ihre menschenfeindlichen Mechanismen, die sie wiederum weiterdelegiert, zum Beispiel an Investoren, die immer neue Heime bauen. Warum das so ist und warum wir dieser Praxis so schnell wie möglich Einhalt gebieten müssen, auch davon handelt dieses Buch.

Zwei Missverständnissen, die mir schon als Reaktion auf mein erstes Buch und auf Zeitungsartikel begegnet sind, möchte ich an dieser Stelle vorbeugen.

Erstens: Obwohl ich Deutschlands Heimlobby ausgiebig kritisiere, weiß ich natürlich, dass viele Pflegeheime – und vor allem ihre Mitarbeiter – hervorragende Arbeit leisten, dass sich die Bewohner vielerorts sehr wohl fühlen und zum Teil nach dem Einzug regelrecht aufgeblüht sind. In meinem Umfeld kenne ich einige solche Fälle. Und ich bin davon überzeugt, dass wir heute und in Zukunft gute Pflegeheime brauchen – gerade in Zeiten von Alzheimer und Demenz.

Zweitens: Dass ich die Pflegeversicherung für gescheitert halte und dafür werbe, sie abzuschaffen, heißt nicht, dass ich der Altenhilfe in Deutschland die Mittel streichen oder Familien mit der Pflege noch mehr als bisher schon allein lassen möchte. Im Gegenteil: Ich plädiere dafür, Pflege zu einer zentralen, steuerfinanzierten Infrastrukturaufgabe des Staates zu machen – wie es in Dänemark und Schweden der Fall ist.

Die Konzepte beider Länder werde ich detailliert vorstellen, zeigen, was mit passgenauer, an den Bedürfnissen der Betroffenen orientierter Pflege möglich ist. Und ich berichte über Menschen, die auch bei uns trotz desolater, aber von mächtigen Lobbygruppen gestützten Strukturen eine andere, zukunftsweisende Pflege möglich machen.

Ohne Systemwechsel werden wir in den kommenden Jahren viele weitere Pflegereformen erleben, die nichts wirklich verbessern – dafür aber viel Geld kosten.

Warum sich die Fehlkonstruktion Pflegeversicherung nicht reparieren lässt, davon handelt dieses Buch. Und davon, wie ein Neustart gelingen kann.

Kapitel 1

Der Fall Brigitte Heinisch: Ein Protokoll des alltäglichen Systemversagens

«Aus innerbetrieblichen Gründen sind derzeit nur Teilwaschungen möglich.»

Wer für einen Teil unserer Sozialpolitik einen Systemwechsel fordert, der muss beschreiben können, inwiefern das Vorhandene so irreparabel schlecht funktioniert.

Solche Beschreibungen kennen wir alle, aus dem Fernsehen, dem Radio, aus Zeitungen und dem Internet: über Heime, in denen menschenunwürdig gepflegt wird, Kontrolleure, die auf nur schwer erträgliches Leid stoßen, über Pflegekräfte, die nicht mehr weiterwissen und nicht mehr weiterkönnen.

Ich möchte an dieser Stelle einen Fall aufgreifen, dessen Anfänge bereits zwanzig Jahre zurückliegen; erstens weil er so traurig aktuell ist – alle Details, die im Folgenden geschildert werden, könnten genauso vorgestern, gestern oder übermorgen irgendwo in Deutschland passiert sein oder noch passieren.

Zweitens habe ich diesen Fall ausgewählt, weil er exemplarisch jenes Systemversagen vor Augen führt, um das es in diesem Buch geht.

Das Protokoll des Falls, das ich in gekürzter Form wiedergebe, ist online zugänglich[1], und die Protagonistin hat über ihre Erlebnisse ein Buch geschrieben.[2]

Januar 2002 Die examinierte Pflegerin Brigitte Heinisch wechselt von einem anderen Haus in das Wohnpflegeheim in der Teichstraße 44 in Berlin. Träger ist die Vivantes – Netzwerk für Gesundheit GmbH.

März 2002 Der Medizinische Dienst der Krankenversicherung Berlin-Brandenburg (MDK)* führt dort eine unangemeldete, anlassbezogene Qualitätsprüfung durch und stellt wenig später «Qualitätsdefizite in allen Qualitätsbereichen» fest.

Januar 2003 In einem internen Protokoll der Leitungs- bzw. Teamleitungssitzung wird beschrieben, wie man die Probleme angehen will: durch Täuschung und Manipulation der vorgeschriebenen Pflegeberichte, in denen alles dokumentiert werden muss, was (angeblich) getan wird.

«Da (...) auf den Stationen Personal fehlt, wird Pflegequalität verlorengehen, werden Pflegevisiten nicht mehr möglich sein. (...) Im Pflegebericht darf Personalmangel nicht erwähnt werden. Aber der Wortlaut: ‹Aus innerbetrieblichen Gründen sind derzeit nur Teilwaschungen möglich.›»

Von Vivantes wird die Existenz dieses Protokolls später bestritten.**

Ebenfalls im Januar 2009 weist Brigitte Heinisch die Pflegedienstleitung in einer Überlastungsanzeige auf die Überlastung der Pflegekräfte hin. Es ist der erste schriftliche Hinweis. Acht weitere Pflegekräfte bestätigen dies durch ihre Unterschrift.

* Der Medizinische Dienst der Krankenversicherung (MDK) ist der sozialmedizinische und pflegefachliche Beratungs- und Begutachtungsdienst für die gesetzliche Kranken- und Pflegeversicherung.

** Vor dem Arbeitsgericht am 03.08.2005.

April 2003 Dauerhafte Umstrukturierung aufgrund von Personalmangel: Die Pflegedienstleitung teilt mit, dass das Personal jetzt auch wohnbereichsübergreifend arbeiten müsse, da man zu wenige Fachkräfte habe. Daraufhin reichen Heinisch und ein weiterer Kollege eine Überlastungsanzeige ein, da sie nun, beispielsweise am 12.05.2003, als einzige examinierte Kraft mit einem Pflegehelfer für 44 Bewohner zuständig war – viele davon bettlägerig, rollstuhlabhängig, inkontinent oder verwirrt und desorientiert.

Juli 2003 Erste Evaluation des Pflegeheims durch den MDK im Auftrag der Landesverbände der Pflegekassen in Berlin. Das Ergebnis wird am 6. November mitgeteilt.
Unter anderem wurden folgende Mängel festgestellt:
- mangelhafte Grundpflege
- unzureichende personelle Besetzung zur Gewährleistung einer bedarfsgerechten, gleichmäßigen und fachlich qualifizierten Pflege und Betreuung
- ungenügende interne Qualitätssicherung
- mangelhafte Gestaltung und Dokumentation des Pflegeprozesses

Der MDK droht Vivantes mit der Kündigung des Versorgungsvertrages, sollten die Mängel nicht behoben werden.

März 2004 Auf einer zweitägigen Konferenz in Berlin, bei der es um «Die wirtschaftliche Pflegeeinrichtung» geht, hält die Direktorin des «Forums für Senioren» der Vivantes GmbH einen Vortrag über Pflegeheime, die es zu «Profitcentern» geschafft haben.

September 2004 In einem Protokoll gibt die Heimleiterin Hilfestellung, wie man die Probleme nach außen hin am besten managt, nämlich dadurch, «dass Antworten auf Fragen wohl-durchdacht und gut formuliert sein sollten. Antworten wie z. B. ‹Ich habe keine Zeit›, ‹Wir sind zu wenig Personal› sind für das Unternehmen schädlich und sind zu unterlassen. Für die Pfle-gekraft kann es zu Konsequenzen führen.»

Oktober 2004 Brigitte Heinisch weist immer wieder auf die sich verschlechternden Umstände im Wohnpflegeheim in der Teich-straße 44 hin. Sie beschreibt in ihrer zweiten Überlastungsan-zeige nochmals detailliert die unzumutbaren Zustände im Pfle-geheim sowohl für Pflegebedürftige als auch für das Personal und bittet um eine Stellungnahme bis zum 07.11.2004.

Ab November 2004 Die Situation schlägt sich inzwischen nicht nur auf die Psyche von Brigitte Heinisch nieder, sondern macht sich auch physisch bemerkbar. Heinisch bleibt bis Mai 2005 ar-beitsunfähig.

Ebenfalls im November 2004 lässt Brigitte Heinisch ihren Rechts-anwalt an die Verantwortlichen der Vivantes GmbH schreiben: Das im Arbeitsvertrag benannte Gebot der Wirtschaftlichkeit «kann nicht dazu führen, dass die Menschenwürde und die Ge-sundheit der Heimbewohner vernachlässigt werden».

Der Anwalt setzt eine Frist, weil Vivantes bisher auf keine der beiden Überlastungsanzeigen reagiert hat, sondern stattdessen Brigitte Heinisch zu mobben beginnt. Der Rechtsanwalt weist in seinem Schreiben auch darauf hin, dass im anderen Falle Brigitte Heinisch eine Selbstanzeige erstatten würde, was wie-derum ein staatsanwaltschaftliches Ermittlungsverfahren zur Konsequenz hätte. Im Übrigen könne dadurch auch eine «nicht genehme öffentliche Diskussion» über die völlig unzureichen-den Zustände entstehen.

Im gleichen Monat erfolgt eine unangemeldete Evaluation des Wohnpflegeheims durch den MDK, ausgelöst durch die Beschwerden von Brigitte Heinisch, ihren Kollegen und eine Patientenangehörige. Noch immer sind die Zustände mangelhaft, mehrere Pflegehilfskräfte fehlen, einige Pflegefachkräfte sind langzeiterkrankt.

Aus mehreren Pflegeplanungen und Durchführungsnachweisen geht hervor, dass einige Bewohner im aktuellen Monat November z.B. überhaupt nicht geduscht, andere nur selten oder zu häufig geduscht oder gebadet wurden. Trotz weiterhin bestehender Pflege- und Personalmängel sowie vieler Maßnahmen, die bereits nach der ersten Evaluation seitens des MDK empfohlen, aber nicht umgesetzt wurden, erreicht den Betriebsrat von Vivantes lediglich folgendes Zitat: «Die Einrichtung selbst hat erkennbare Fortschritte in der Beseitigung ihrer Qualitätsdefizite gemacht.»

Dem Bericht des MDK ist jedoch zu entnehmen, dass im Gesamtergebnis der Evaluation «die Hinweise auf mögliche Qualitätsmängel, welche die unangemeldete zweite Prüfung auslösten, nicht vollständig entkräftet werden» können. «Der dringende Handlungsbedarf wurde nochmals verdeutlicht.»

Dezember 2004 Vivantes antwortet dem Rechtsanwalt von Brigitte Heinisch.

«Den Vorwurf der nicht sichergestellten ausreichenden Pflege ... weisen wir entschieden zurück. (...) Dieser Vorwurf bedeutet eine verleumderische Behauptung von Frau Heinisch gegenüber ihren Kolleginnen und Kollegen.»

Weil Vivantes keinerlei Bereitschaft zeigt, sich mit der Kritik und den Vorwürfen sachlich auseinanderzusetzen, erstattet Brigitte Heinisch über ihren Rechtsanwalt Strafanzeige gegen die verantwortlichen Personen der Vivantes – Netzwerk für Gesundheit GmbH. Die Staatsanwaltschaft solle den Tatverdacht des besonders schweren Betrugs nach § 263 Absatz 3 StGB überprüfen, weil offizielle Versprechungen hinsichtlich Pflegeumfang sowie Pflegequalität in deutlichem Widerspruch zu den tatsächlichen Verhältnissen stehen.

Januar 2005 Die Berliner Staatsanwaltschaft stellt das Verfahren gegen Vivantes bereits nach einem Monat ein. Aus dem Schreiben an den Prozessbevollmächtigten Brigitte Heinischs geht hervor, dass keine tatsächlichen Anhaltspunkte für den vorgeworfenen Betrug vorlägen.

So weit das Protokoll. Es ist noch deutlich länger, allerdings dreht es sich im Weiteren weniger um die Vorgänge im Heim und mehr um die juristische Auseinandersetzung zwischen Brigitte Heinisch und Vivantes.

Das Gesundheitsunternehmen kündigt seiner Mitarbeiterin drei Mal, der Betriebsrat lehnt eine Zustimmung ab.

Im Oktober 2005 tritt Heinisch eine neue Stelle an, wehrt sich aber weiter gegen die Rechtmäßigkeit ihrer Kündigung durch Vivantes.

Im März 2006 bestätigt das Landesarbeitsgericht Berlin (LAG) die Kündigung. Begründung: Die Zusammenarbeit beider Parteien sei nicht mehr zumutbar. Brigitte Heinisch habe die Vorwürfe «in keiner Weise» belegen können. Dies «stelle eine schwere Loyalitätsverletzung dar». Heinisch habe auch «versäumt, zunächst innerbetrieblich für Abhilfe zu sorgen. Bei einer solchen Pflichtverletzung sei dem Arbeitgeber die Fortsetzung des Arbeitsverhältnisses nicht zuzumuten».

In der Zwischenzeit stellt der MDK erneut «teilweise gravierende Mängel in der Prozess- und Ergebnisqualität» des Wohnpflegeheims in der Teichstraße 44 fest. «Eine individuelle, fördernde und prozesshafte Versorgung der Bewohner im Sinne der aktivierenden Pflege findet nicht statt.» Und das ist nur einer der Vorwürfe.

Brigitte Heinischs Geschichte ist an dieser Stelle noch nicht zu Ende. Radio- und Fernsehsender werden auf den Fall aufmerksam, ebenso eine Reihe von Printmedien – der Fall schlägt immer höhere Wellen, und Brigitte Heinisch erhält für ihre Zivilcourage zwei Auszeichnungen.

Im Juni 2007 lässt das Bundesarbeitsgericht eine Berufung gegen das Urteil des LAG nicht zu. Und das Bundesverfassungsgericht lehnt im Dezember Heinischs Beschwerde gegen diese Nichtzulassung der Berufung ab.

Im Juli 2011, vier Jahre nach der Ablehnung des Bundesverfassungsgerichts und über fünf Jahre nach dem Urteil des Landesarbeitsgerichts Berlin, nimmt der Europäische Gerichtshof für Menschenrechte zu dem Vorgang Stellung. Europas höchste Richter stellen fest, dass die deutsche Arbeitsgerichtsrechtsprechung im Fall Heinisch, insbesondere durch das Landesarbeitsgericht Berlin, eine «Verletzung von Artikel 10 der Europäischen Menschenrechtskonvention (Freiheit der Meinungsäußerung)» bedeutet.

Der Fall wird zurückverwiesen an das LAG. Im Mai 2012 endet das Verfahren mit einem Vergleich: Die fristlose Kündigung wird in eine «ordentliche Kündigung aus betrieblichen Gründen zum 31.03.2005» umgewandelt. Vivantes zahlt an Brigitte Heinisch eine Abfindung von 90 000 Euro brutto gemäß §§ 9–10 Kündigungsschutzgesetz, und das Unternehmen stellt ihr ein wohlwollendes Zeugnis aus, das sie in ihrem beruflichen Fortkommen nicht behindert. Alle Ansprüche der streitenden Parteien sind damit erledigt.

Brigitte Heinischs Fall steht exemplarisch für nahezu alle Aspekte, mit denen ich mich in diesem Buch auseinandersetze: mit der schlechten Pflegequalität in deutschen Heimen, mit der schlechten Behandlung des Personals, mit Täuschung und Manipulation. Und damit, warum sich in dieser Branche auch mit einem Image-Totalschaden noch Geld verdienen lässt. Die meisten dieser Missstände verdanken wir der Pflegeversicherung. Im folgenden Kapitel geht es zunächst darum, warum sie in den 1990er Jahren eingeführt wurde und wie sie sich seitdem weiterentwickelt hat.

Kapitel 2

Die Geschichte einer Fehlkonstruktion: Wie die Pflegeversicherung entstand und warum sie so schlecht funktioniert

«Verwenden Sie an diesem Tag nicht unbedingt die praktische Trainingshose oder den weiten Pullover.»

I n den zahllosen Artikeln, Dossiers und Studien, die seit Einführung der Pflegeversicherung vor 25 Jahren erschienen sind, taucht immer und immer wieder ein Begriff auf: Teilkasko.* Die Pflegeversicherung sei eine Teilkaskoversicherung, das heißt, einen Teil der Pflegekosten müssten die Familien immer selbst stemmen. Über diese Tatsache sollten sich unbedingt alle im Klaren sein – so der Tenor –, die Erwartungen an die Versicherung sollten nicht zu hoch gesteckt, ihre Leistungsfähigkeit unter keinen Umständen überschätzt werden.

Genützt haben all die Warnungen wenig. Die Erwartungen der Versicherten sind hoch – und sie sind unrealistisch. Laut einer Umfrage im Auftrag der Postbank von 2019 glauben 43 Prozent der Befragten, dass die Pflegeversicherung sämtliche Kosten eines Heimaufenthalts übernimmt. 41 Prozent schätzen den Eigenanteil auf unter 1000 Euro.[3]

---

* Sogar der Deutsche Bundestag verwendet in seiner Diskussion um den Entwurf der Pflegereform 2001 diesen Begriff.

Tatsächlich müssen Heimbewohner im Schnitt etwa 1800 Euro monatlich aus der eigenen Tasche zuzahlen – wobei der Betrag aus weitgehend unerklärlichen Gründen von Bundesland zu Bundesland stark variiert.

Auch ich stelle bei Diskussionen und Gesprächen zum Thema immer wieder fest, dass diejenigen, die noch nicht persönlich mit dem «System» in Berührung gekommen sind, bestenfalls eine unklare Vorstellung davon haben, wie die Pflegeversicherung funktioniert – und was sie eigentlich bezahlt.

Das Gerede von der Teilkaskoversicherung ist vermutlich nicht ganz unschuldig an dem Informationsdefizit. Denn der darin zum Ausdruck gebrachte Vergleich zu Fahrzeugen ist falsch und irreführend. Eine Teilkaskoversicherung bezahlt einen Schaden am Pkw, der durch äußere Einflüsse – etwa Hagel – entstanden ist. Die Analogie zur Pflege bezieht sich auf die mögliche Selbstbeteiligung, die die Versicherungsprämie senkt: Kostet die Reparatur des Hagelschadens 2000 Euro und waren 300 Euro Selbstbeteiligung vereinbart, dann bezahlt die Versicherung 1700 Euro und der Autobesitzer 300. Bei dieser Summe handelt es sich um einen Höchstbetrag, das heißt, er ist unabhängig von den tatsächlichen Kosten der Reparatur.

Bei der Pflegeversicherung ist es genau umgekehrt: Sie bezahlt einen festen Zuschuss, der unabhängig ist von den tatsächlichen und – vor allem im Heim – viel höheren Kosten. Der Versicherte muss dann zusehen, wie er den Rest aufbringen kann.

Die Krux mit dem Verrichtungsbezug

Die Entscheidung für dieses Modell war auch der Angst geschuldet, «dass wir mit dem Geld nicht zurechtkommen», wie Norbert Blüm, einer der Väter der Pflegeversicherung, später freimütig bekannte.[4]

Und sie hatte verheerende Folgen, die Pflegebedürftige bis heute ausbaden müssen. Denn wenn die Pflegeversicherung nur festgelegte Summen je nach Pflegestufe (bzw. Pflegegrad) bezahlen will, muss sie vorrechnen können, wer warum wie viel bekommt. Dazu teilte man die notwendige Unterstützung für alte Menschen in sogenannte Verrichtungen* ein. Und jede dieser Verrichtungen – «Große Körperpflege» oder «Darm- und Blasenentleerung» – bekam einen Preis. Das bedeutet: Jene 689 Euro, die ein Pflegedienst für die ambulante Versorgung eines Menschen mit Pflegegrad 2 mit der Versicherung abrechnet, sind der Gegenwert von – zum Beispiel – 10 Mal «Große Körperpflege» plus 20 Mal «Zubereiten einer warmen Mahlzeit» plus 30 Mal «Darm- und Blasenentleerung» und so weiter.

Für Spazierengehen, Vorlesen, für all jene Alltagshilfen, die sich nicht so einfach als sogenannte Verrichtungen definieren und voneinander abgrenzen lassen, bezahlte die Versicherung zu Beginn gar nichts und bis heute viel zu wenig. Obwohl solche Leistungen gerade für Demenzkranke eminent wichtig sind.

Wolfgang Lohmann, damals Vorsitzender der Arbeitsgruppe Gesundheit der Unionsfraktion, sagte 2001 über diese Art der Hilfe, dass man sich an «Wischiwaschi-Vorstellungen» wie der vom ganzheitlichen Menschen materiell nicht orientieren könne. «Das muss ja messbar sein. Geld ist ein Tauschmittel, das mit Messzahlen zu tun hat.»[5]

Rehabilitation ist nicht vorgesehen

Die Versicherung bezahlt zwar den Pflegedienst für die «Große Körperpflege», hat aber kein «Waschtraining» des Pflegebedürf-

---

* Die ausschließliche Orientierung der Hilfe an diesen vordefinierten Verrichtungen nennt man Verrichtungsbezug.

tigen im Sortiment, weil sich das eine pauschal kalkulieren und bepreisen lässt und das andere nicht. Da sich der vielfach belegte Effekt eines solchen Trainings, nämlich dass der Trainierte sich irgendwann wieder alleine waschen kann und seine Versorgung dadurch weniger kostet, kurzfristig nicht messen lässt, gibt es den Effekt für die Pflegeversicherung schlicht nicht. Dieses Problem sollte zwar mit dem sogenannten Pflegestärkungsgesetz II ab 2017 beseitigt werden, in der Praxis besteht es aber weiterhin.[6] Warum das so ist und welche Folgen dieser Missstand hat, darauf gehe ich in Kapitel 3 ein.

Der Wunsch, Hilfe messbar zu machen und häppchenweise zuzuteilen, führte außerdem zu jenem Defizitdenken, von der die Pflegeversicherung bis heute durchdrungen ist. Auch mit dem neuen Pflegebedürftigkeitsbegriff und dem neuen Begutachtungsverfahren, das seit Anfang 2017 greift, hat sich daran nichts Grundsätzliches geändert.

Je malader ein alter Mensch ist, desto mehr bezahlt die Pflegeversicherung. Das System honoriert also statt Fortschritten Defizite und Verelendung. Und die Pflegebedürftigen stellen sich darauf ein, zumal sie entsprechend beraten werden. Die Webseite Pflegeverantwortung.de empfiehlt für den Besuch des Gutachters, der über den Pflegegrad und damit über die Höhe der Leistungen entscheidet: «Bereiten Sie sich gut auf das Gutachten vor. Denken Sie daran, warum der Gutachter kommt. Er kommt, um zu sehen, was der Pflegebedürftige nicht kann, er will nicht wissen, was der Pflegebedürftige alles kann.» Und: «Verwenden Sie an diesem Tag nicht unbedingt die praktische Trainingshose oder den weiten Pullover. Ein Hemd, eine Bluse mit Knöpfen, die der Pflegebedürftige nicht öffnen kann, sind sinnvoller.»

Heimbewohner sollten nicht mehr betteln müssen

Wer sich nur mit Messbarem beschäftigt, wünscht sich vor allem Kontrolle. Pflegestufen und -grade, dazu passende fixe Zuschüsse und der Verrichtungsbezug: All das entstand auch deshalb, weil die Erfinder der Pflegeversicherung hofften, sie könnten damit die Ausgaben dauerhaft kontrollieren, begrenzen und ihre zukünftige Entwicklung bemessen – ein großer Irrtum.

Nun ist es nicht so, dass niemand die Konstruktionsfehler der Pflegeversicherung und ihre Folgen erahnte. Im Gegenteil: Schon als dieser «Meilenstein in der Sozialgeschichte Deutschlands» im Werden war, gab es heftige Kritik daran.[7] So beschrieb *Der Spiegel* bereits im September 1993 fast alle Systemschwächen, mit denen ich mich in diesem Buch beschäftige, inklusive der unvermeidlichen Finanzierungsprobleme.[8]

Spätestens jetzt stellt sich die Frage, warum die Politik – trotz vieler Warnungen – eine solche Fehlkonstruktion installierte. Die Antwort darauf lautet: Weil CDU und SPD die Versicherung frühzeitig als Jahrhundert-Wohltat angekündigt und sich dadurch in Zugzwang gebracht hatten – und weil den großen Erwartungen von Beginn an ein (zu) kleines Budget gegenüberstand.

Schon seit den 1980er Jahren hatte vor allem ein Politiker «bis zur Selbstverleugnung» für die Einführung einer «fünften Säule» der Sozialversicherung gekämpft: Norbert Blüm, von 1982 bis 1998 Arbeits- und Sozialminister.[9] Sein wichtigstes, gebetsmühlenartig wiederholtes Argument: Menschen, die jahrzehntelang gearbeitet hätten, sollten nicht beim Sozialamt «betteln» müssen, um eine Betreuung zu Hause oder den Platz im Pflegeheim bezahlen zu können.

Anfang der 1990er Jahre, als die Idee Konturen annahm, planten sowohl CDU als auch SPD eine staatliche Sozialversicherung, deren Beiträge Arbeitnehmer und Arbeitgeber zu gleichen Teilen bezahlen sollten. Der gemeinsam mit der CDU regierenden FDP erschien die Umlagefinanzierung allerdings zu teuer, sie wollte den Arbeitgebern zusätzliche Lasten ersparen und plädierte deshalb für ein Kapitaldeckungsverfahren: Jeder Versicherte sollte monatlich einen Betrag ansparen, die Summe dieser Beiträge stünde dann später für die Pflege zur Verfügung. In diesem Fall hätte es allerdings noch Jahre gedauert, bis genug Geld für Leistungen in der Kasse gewesen wäre. Dazu gesellte sich ein weiteres Problem: Was, so fragte Norbert Blüm öffentlich, machen wir mit jenen, die schon heute Hilfe brauchen?

Das Thema musste vor den Wahlen vom Tisch

Die CDU lehnte die Idee der FDP also ab, suchte aber nach einem Kompromiss, mit dem auch der Koalitionspartner leben konnte. Der sah schließlich so aus, dass es zwar beim Pflichtversicherungsmodell blieb, als Ausgleich für den Arbeitgeberanteil aber zwei bundesweite Feiertage wegfallen sollten. Der Bundestag stimmte dieser Lösung zwar zu, im Bundesrat aber, mit seiner SPD-Mehrheit, fiel das Gesetz durch.

Dennoch waren auch die Sozialdemokraten an einer Lösung interessiert: 1994 standen mehrere Wahlen an, unter anderem die zum Deutschen Bundestag. Niemand wollte als Totengräber der Pflegeversicherung dastehen und sich anschließend von den vielen Wählern im Rentenalter abstrafen lassen. Die Sache musste vom Tisch, irgendwie, Hauptsache vor den Wahlen.

So einigten sich Regierung und Opposition im März 1994 auf jenen unsäglichen Kompromiss, unter dessen Folgen Pflegebedürftige bis heute leiden. Ab dem 1. Januar 1995 zahlten Arbeitnehmer und Arbeitgeber gemeinsam ein Prozent vom Bruttoeinkommen in die Pflegekasse. 1996 stieg der Beitragssatz wie verabredet auf 1,7 Prozent. Leistungen für Versicherte gab es in den ersten drei Monaten noch nicht, wodurch jene Reserven entstanden, von denen die Kasse einige Jahre zehrte.

Seit April 1995 bezahlt die Pflegeversicherung für die häusliche, seit Juli 1996 auch für die stationäre Pflege. Dabei übernimmt sie nicht die tatsächlichen Kosten, sondern einen festgeschriebenen Zuschuss.

Zum Kompromiss, der schließlich Gesetz wurde, gehörte neben der Streichung (nur) eines Feiertags, des Buß- und Bettages, auch die Verabredung, den Beitragssatz nicht zu «dynamisieren». Anders als bei der Krankenversicherung passt er sich also nicht dynamisch der aktuellen Ausgabensituation an, sondern bleibt fix. Auf dieser Festschreibung hatte die FDP bestanden, weil jede Steigerung auch Mehrausgaben für die Arbeitgeber bedeutet hätte.

Die Leistungen der Versicherung wuchsen in den ersten Jahren nicht, wohl aber der Preis für einen Heimplatz. Bewohner mussten also immer mehr aus eigener Tasche zuzahlen. Schon seit 1999 sind deshalb immer mehr Menschen neben dem Geld von der Versicherung und ihrer Rente auf Sozialhilfe angewiesen, um das Heim bezahlen zu können.

Ab 1999 machte die Versicherung Verluste

Blüms Versprechen, möglichst vielen Menschen den entwürdigenden Bittgang zum Amt ersparen zu können, jenes hehre Ziel, ohne das es die Pflegeversicherung vermutlich nicht gäbe, war schon zwei Jahre nach ihrer Einführung dahin.

Und obwohl die Leistungen hinten und vorne nicht reichten, hatte die Versicherung ihre anfangs aufgebauten Reserven bereits 1999 verbraucht, danach schrieb sie Verluste. Um diese auszugleichen, wurde der Beitragssatz für Kinderlose ab 2005 um

0,25 Prozent erhöht, ein Zuschlag, den ausschließlich die Versicherten stemmen mussten, eine hälftige Beteiligung ihrer Arbeitgeber gab es dabei nicht.

In den Jahren von 2008 bis 2019 erlebte die Pflegeversicherung dann sechs Reformen, von denen fünf mit Beitragserhöhungen verbunden waren. Daraus erwuchs seit 2008 ein jährlicher Überschuss und damit auch ein wachsendes Finanzpolster. Allerdings gelang das nur neun Jahre lang. 2017 verzeichnete die Versicherung – trotz erneuter Beitragserhöhung von 2,55 auf 2,80 Prozent – ein Minus von 2,4 Milliarden, 2018 waren es sogar 3,55 Milliarden Euro.[10] Hauptgrund für die hohen Verluste war eine Neudefinition des Pflegebedürftigkeitsbegriffs und die Umstellung auf fünf Pflegegrade anstelle von drei Pflegestufen. Diese Veränderungen, die das Pflegestärkungsgesetz gebracht hatte, führten dazu, dass 2017 neunzehn Prozent mehr Menschen Leistungen der Versicherung erhielten als noch 2015.[11]

Vier Beitragserhöhungen in sieben Jahren

Die Politik wurde von diesen Zahlen kalt erwischt. Noch Anfang 2017 hatte der damalige Bundesgesundheitsminister Hermann Gröhe gesagt, er gehe «auf heutiger Basis davon aus, dass die Beiträge bis zum Jahr 2022 stabil bleiben.»[12] Davon konnte nicht die Rede sein. Schon im Januar 2019 folgte die nächste Erhöhung, die vierte innerhalb von sieben Jahren.

Und obwohl sie mit 0,5 Prozent höher ausfiel als alle vor ihr, waren jene Reformen, die die Regierung Ende 2018 beschlossen hatte, noch nicht eingepreist – und von den Mehreinnahmen auch nicht bezahlbar. Deshalb sollen die von Gröhes Nachfolger Jens Spahn versprochenen 13 000 zusätzlichen Pflegekräfte für Heime auch nicht von der Pflege-, sondern von der Krankenversicherung bezahlt werden.

Der in seinem Ausmaß überraschende Kostenanstieg bewies erneut, dass sich trotz systemimmanentem Mess- und Kontrollwahn zukünftige Kosten der Pflege nicht exakt berechnen lassen. Denn niemand kennt die genaue Wirkung von Reformen, niemand kann exakt vorhersehen, wer welche Leistung – und wie viel davon – in Anspruch nimmt, nachdem man die Regeln geändert hat.

Teilkasko – diesmal richtig

Die Einnahmen der Pflegeversicherung werden – da sind sich alle einig – weiter steigen müssen, denn es gibt immer mehr Leistungsempfänger, die zudem besser als bisher versorgt werden sollen. Weil die Rücklagen der Versicherung inzwischen deutlich geschrumpft sind, dürfte die nächste Finanzierungsrunde nicht mehr allzu lange auf sich warten lassen.

Ob die Mittel auch in Zukunft ausschließlich aus Beiträgen stammen sollen, darüber wird heftig diskutiert.

Zumal keineswegs sicher ist, ob jede weitere Erhöhung des Satzes (vergleichsweise) widerstandslos hingenommen würde. Bisher konnte die Regierung alle, die über ausufernde Pflegekosten klagten, stets damit beruhigen, dass der Arbeitslosenbeitrag im Gegenzug kontinuierlich sinkt.[*] Diese Entwicklung wird sich aber so nicht fortsetzen, weil mit einem weiteren deutlichen Absinken der Arbeitslosigkeit nicht zu rechnen ist. Damit entfällt auch dieses Argument. Außerdem verbietet es sich allein schon mit Blick auf die demographische Entwicklung – immer mehr alte und immer weniger junge Menschen –, das System zu belassen, wie es ist und jedes Minus mit einer Beitragserhöhung zu beantworten.

[*] Der Satz sank von 6,5 Prozent im Jahr 2006 auf 2,5 Prozent im Jahr 2019.

Stattdessen wird man, wie Bundesgesundheitsminister Jens Spahn im Januar 2019 der *Bild* sagte, «auch über andere Finanzierungsmodelle diskutieren müssen». Woher das Geld kommen sollte, hatte er mit den 13 000 zusätzlichen Stellen für die Heimpflege aus den Mitteln der Krankenkassen schon aufgezeigt. Es ist absehbar, dass sich die Krankenversicherer diesem Ansatz auf Dauer widersetzen werden. Sie halten – wenig überraschend – einen Steuerzuschuss zur Pflegeversicherung für den besseren Weg. Der wird vor allem dann ziemlich üppig ausfallen müssen, wenn sich eine Idee durchsetzt, die die Wohlfahrtsverbände schon seit einigen Jahren favorisieren, und hinter die sich Anfang 2019 auch Unionspolitiker stellten – womit wir thematisch zum Anfang des Kapitels zurückkehren.

Die Idee lautet: Lasst uns aus der Pflegekasse eine echte Teilkaskoversicherung machen. Eine, bei der die Pflegebedürftigen nur noch einen fixen Eigenanteil bezahlen – und den Rest die Versicherung.

Entlastungsgesetz zwingt Menschen in die Sozialhilfe

Die CSU-Politikerin Emmi Zeulner sagte im Januar 2019, Pflegebedürftigkeit dürfe nicht zum Armutsrisiko werden und Betroffene nicht noch stärker von Sozialhilfe abhängig. Sie setzt sich dafür ein, die Eigenanteile von Heimbewohnern zu deckeln und dafür den Zuschuss der Pflegekasse zu erhöhen.[13] Unterstützung für die Idee dieses sogenannten Sockel-Spitze-Tauschs bekam Zeulner von ihrem CDU-Kollegen Erwin Rüddel, Vorsitzender des Gesundheitsausschusses im Bundestag.

Der Vorschlag ist eine Art Zeitreise in die neunziger Jahre: Wieder verfolgt die Politik das Ziel, Sozialhilfeempfänger von ihrer Bittsteller-Rolle zu befreien, und wieder ist unklar, wie das finanziell funktionieren soll.

Fazit: Die Pflegeversicherung verdanken wir einem politischen Versprechen, das sie nur für wenige Jahre erfüllen konnte. Und weil das ganze System von Grund auf fehlkonstruiert ist, wurde es auch durch immer neue Reformen nicht wirklich besser und menschenfreundlicher. Wie sich die vielen Konstruktionsfehler auf jene auswirken, die auf Hilfe angewiesen sind, wie die Logik der Pflegeversicherung Menschen zum Umzug ins Heim zwingt und warum sich dort an ihrem Elend bestens verdienen lässt – das zeige ich in den folgenden beiden Kapiteln.

Was die Pflegeversicherung bezahlt –
und wie man an das Geld kommt

Die Pflegeversicherung übernimmt nur einen Teil der Kosten, die durch Pflege verursacht werden.

Und sie bezahlt grundsätzlich unabhängig vom Einkommen und Vermögen des Pflegebedürftigen beziehungsweise seiner Angehörigen.

Die Höhe der Leistungen hängt davon ab, welcher der fünf Pflegegrade für den Betreffenden ermittelt wird.

Antrag, Gutachten und Einstufung

Wer Leistungen in Anspruch nehmen will, muss einen Antrag bei der Pflegekasse stellen, die der Krankenkasse angeschlossen ist. Anschließend besucht ein Sachverständiger den Pflegebedürftigen, prüft seine Fähigkeiten beziehungsweise Einschränkungen in den Bereichen Mobilität, geistige und kommunikative Fähigkeiten, Verhalten, Selbstversorgung, Umgang mit Erkrankungen und soziale Kontakte.

Im Anschluss an den Besuch erstellt der Sachverständige ein Gutachten, auf dessen Basis die Pflegekasse über den Pflegegrad entscheidet. Dieser bemisst sich am Grad der Beeinträchtigung und an den daraus resultierenden Anforderungen an die pflegerische Versorgung.

Pflegegrad 1 bedeutet, dass der Bedürftige lediglich einen sogenannten Entlastungsbetrag von monatlich 125 Euro bekommt, mit dem er hauswirtschaftliche Hilfe durch einen «zugelassenen Dienstleister» einkaufen kann.* Darüber hinaus erhält er weder Pflegegeld noch Sachleistungen, auch eine Heimunterbringung ist mit Pflegegrad 1 nicht möglich.

Pflege zu Hause

Wenn Angehörige oder Freunde die Pflege übernehmen, bezahlt die Versicherung ein Pflegegeld an den Gepflegten. Es ist als finanzielle Anerkennung für die Unterstützungspersonen gedacht.

Pflegegeld

Monatliche Leistungen:

Pflegegrad 2	316 Euro
Pflegegrad 3	545 Euro
Pflegegrad 4	728 Euro
Pflegegrad 5	901 Euro

Pflegesachleistung

Versorgt ein ambulanter Dienst den Pflegebedürftigen, dann bezahlt die Versicherung einen fixen Betrag direkt an diesen Dienstleister.

Monatliche Leistungen:

Pflegegrad 2	689 Euro
Pflegegrad 3	1298 Euro
Pflegegrad 4	1612 Euro
Pflegegrad 5	1995 Euro

Pflegegeld und Sachleistung können auch kombiniert werden. Der Pflegedienst unterstützt den Pflegebedürftigen vor allem in den Bereichen Körperpflege, Ernährung, Mobilität und Haushaltsführung und leistet allgemeine Unterstützung bei der Gestaltung des täglichen Lebens.

* Wen die Pflegekasse akzeptiert – und wer deshalb Leistungen mit ihr abrechnen darf –, das ist von Bundesland zu Bundesland höchst unterschiedlich. Einige Länder akzeptieren ausschließlich professionelle Pflegedienste, andere daneben auch Ehrenamtliche mit hauswirtschaftlicher Erfahrung.

Entlastungsbetrag Den bei Pflegegrad 1 bezahlten Betrag von 125 Euro monatlich können auch Menschen mit höherem Pflegegrad – zusätzlich zu Pflegegeld oder Pflegesachleistung – beantragen. Außerdem beteiligt sich die Kasse mit 40 Euro an den Kosten für Pflegehilfsmittel.

Wohngruppenzuschlag Wer in einer ambulant betreuten Wohngruppe lebt, kann einen Zuschlag von bis zu 214 Euro monatlich bekommen.

Anschubfinanzierung Werden bestimmte Anforderungen erfüllt, können ambulant betreute Wohngruppen eine einmalige Finanzierung von bis zu 2500 Euro pro Person und maximal 10 000 Euro insgesamt erhalten.

Zuschuss zu barrierefreiem Umbau Müssen in der eigenen Wohnung Haltegriffe oder eine stufenfreie Dusche installiert werden, kann dies ebenfalls bezuschusst werden.

Zuschuss zur Verhinderungspflege Fällt die Pflegeperson wegen Urlaub oder Krankheit aus, bezuschusst die Kasse den Einsatz einer Vertretung für maximal sechs Wochen im Jahr mit 1612 Euro, dies gilt für die Pflegegrade 2 bis 5.

Zuschuss zur Kurzzeitpflege Gibt es vorübergehend Probleme bei der Pflege zu Hause, gewährt die Kasse einen Zuschuss in Höhe von maximal 1612 Euro für einen Heimaufenthalt für bis zu acht Wochen.

Teilstationäre Pflege (Tages- und Nachtpflege) Bei teilstationärer Pflege wird ein Teil der Pflege zu Hause erbracht und ein Teil in einem Heim oder in einer Tagesstätte. Solche Angebote sind vor allem für zu Hause versorgte Demenzkranke und ihre Angehörigen sinnvoll, weil sie stundenweise für Entlastung sorgen.

Anspruch haben Pflegebedürftige der Pflegegrade 2 bis 5. Die Pflegekasse bezahlt hier zusätzlich zu jenen Leistungen, die der Betreffende bereits bekommt.

Pflege im Heim

Für die dauerhafte Unterbringung in einem Pflegeheim bezahlt die Pflegeversicherung ebenfalls einen Pauschalbetrag, der direkt an das Heim überwiesen wird.

Monatliche Leistungen:

Pflegegrad 2	770 Euro
Pflegegrad 3	1262 Euro
Pflegegrad 4	1775 Euro
Pflegegrad 5	2005 Euro

Wichtig: Der Eigenanteil, den der Bewohner zusätzlich an das Heim bezahlen muss, ist für alle Pflegegrade gleich hoch.

Pflegewohngeld In Nordrhein-Westfalen, Mecklenburg-Vorpommern und Schleswig-Holstein können Heimbewohner auf Antrag zusätzlich zu den Leistungen der Pflegeversicherung Pflegewohngeld bekommen. Die Höhe variiert von Bundesland zu Bundesland.

Beratung und Ansprechpartner Pflegebedürftige und ihre Angehörigen haben einen Rechtsanspruch auf individuelle Pflegeberatung. Diese kostenlose Beratung übernehmen die Pflegekassen, einer der Pflegestützpunkte oder Beratungsstellen der Wohlfahrtsverbände und Kommunen. Mehr dazu erfahren Sie auch in Kapitel 10.

Kapitel 3

Stationär vor ambulant: Wie die Versicherung Pflegebedürftigkeit fördert und Menschen zum Umzug ins Heim zwingt

«Für Krankenkassen gibt es einen Anreiz,
Reha zur Verhinderung von Pflegebedürftigkeit
nicht zu bewilligen.»

Marie Kirsch war immer stolz auf ihre Fitness. Zum Einkaufen fuhr die Achtzigjährige aus dem westfälischen Oelde mit dem Rad und trug die Taschen anschließend in den zweiten Stock. Auch die Gardinen hängte sie nach dem Waschen noch selbst auf.

Seit dem Tod ihres Mannes lebte sie allein. Viel Geld hatte sie nicht, aber sie kam zurecht. Ihre Wohnung hatte sie seit Jahrzehnten, entsprechend bezahlbar war die Miete. Der Kontakt zu den Nachbarn war unkompliziert, und manchmal kochte sie für Freunde. Klar, Volker, der einzige Sohn, konnte nach ihrem Geschmack etwas öfter mit seiner Frau und den beiden Enkeln vorbeikommen. Oder sie häufiger nach Bremen einladen. Aber anderen in ihrem Alter ging es, was das betraf, nicht besser, das wusste Marie Kirsch.

Unterm Strich mochte sie ihr – trotz einiger kleiner Widrigkeiten – selbstbestimmtes Leben. Und sie hätte sich niemals vorstellen können, dass sich dieses Leben von einer Sekunde auf die nächste ändern würde. Aber genau das geschah, und zwar, wie in vielen dieser Fälle, auf eine sehr profane Art und Weise.

Marie Kirsch stolperte beim Staubsaugen über eine Teppichkante, fiel, brach sich den Oberschenkelhals, kam ins Krankenhaus und wurde operiert. Nach der Entlassung sollte sie mit Hilfe von regelmäßiger Krankengymnastik wieder auf die Beine kommen. Aber das gelang mehr schlecht als recht. In ihrer Wohnung konnte sie sich mit Hilfe eines Rollators noch leidlich fortbewegen. Aber alleine vor die Tür schaffte sie es nicht mehr. Einkäufe erledigte eine Freundin, ihr Sohn reiste jetzt öfter an. Manchmal half er ihr dann die zwei Etagen nach unten, wo sie einen sehr langsamen Spaziergang unternahmen.

Reformen ändern nichts an den falschen Anreizen

Natürlich ist ein Oberschenkelhalsbruch eine gravierende Verletzung, trotzdem kommen viele, auch alte Menschen, danach wieder besser auf die Beine als Marie Kirsch. Was denjenigen, die es schaffen, in aller Regel hilft, ist eine stationäre Rehabilitation, ein längerer Klinikaufenthalt mit intensivem, individuell abgestimmtem Training.

Eine solche Reha beantragte auch Marie Kirsch, nachdem drei Monate ambulante Krankengymnastik ihr nicht ansatzweise jene Selbständigkeit zurückgegeben hatten, die sie so liebte. Obwohl ihr Arzt den Antrag unterstützte, lehnte die Krankenkasse ihn ab. Schließlich bekomme sie Krankengymnastik.

Ohne es zu ahnen, «verdankte» Marie Kirsch diese Ablehnung zwei schweren Konstruktionsfehlern in unserem Gesundheitssystem: der Trennung von Kranken- und Pflegekasse und der Trennung von Grund- und Behandlungspflege.

Ambulante Dienste rechnen mit zwei verschiedenen Stellen ab. Leistungen der Grundpflege wie Waschen, Hilfen beim Essen oder beim Toilettengang bezahlt die Pflegekasse, die sogenannte Behandlungspflege – also ärztlich verordnete Leistungen wie Blutdruckmessen, Medikamentengabe oder Wundversorgung – übernimmt die Krankenkasse.

Im Heim dagegen – und das ist die Krux – bezahlt für beides die Pflegeversicherung. Und das bedeutet, dass die Krankenkasse finanziell profitiert, wenn eine Pflegebedürftige nach ihrem Sturz nicht wieder auf die Beine kommt und deshalb im Heim landet.

Deshalb werden Reha-Maßnahmen für alte Menschen, wie sie auch für Marie Kirsch nützlich gewesen wären, fast nie bewilligt.[*] «Für eine Krankenkasse zahlt es sich nicht aus, hier zu investieren», so die Deutsche Ärztekammer.

An diesen fehlgeleiteten Anreizen hat sich auch – trotz gegenteiliger Beteuerungen – durch die Reformen im Jahr 2017 nichts geändert.[14]

Dass es anders läuft, wenn derjenige, der eine Maßnahme bezahlt, hinterher auch von ihrem Erfolg profitiert, beweist die Deutsche Rentenversicherung: Sie betreibt eigene, sehr effiziente Reha-Kliniken, weil es sich für sie auszahlt, wenn Versicherte nach einem Sturz oder einer Krankheit so schnell wie möglich an ihren Arbeitsplatz zurückkehren – und wieder Rentenbeiträge bezahlen.

Lebensqualität ist nicht im Sortiment

Mit dem abschlägigen Bescheid der Krankenkasse war klar, dass Marie Kirsch ihre Wohnung nicht mehr alleine würde verlassen können. In den Wochen danach ging es ihr immer schlechter, sie fühlte sich hilflos, hatte keine Energie mehr, sich selbst etwas

---

[*] Nach einer Untersuchung der Universität Bremen wird in lediglich 2,1 Prozent der begutachteten Fälle eine solche Reha von der Krankenversicherung bezahlt.

zu kochen. Ob einfach nur die Kräfte nachließen, oder ob sie der Frust über den Verlust ihrer Freiheit lähmte, war schwer zu sagen, vermutlich beides.

Ihr Sohn wandte sich an die Pflegekasse, seine Mutter wurde begutachtet und bekam den Pflegegrad 2 zugesprochen. Jetzt kam zweimal am Tag der Pflegedienst oder eine Haushaltshilfe zu ihr. Marie Kirsch erhielt Unterstützung bei «Verrichtungen» wie Anziehen oder Duschen und einmal pro Woche sogar ein frisch gekochtes Mittagessen. Spaziergänge in der Sonne, eine Partie Mensch-ärgere-dich-nicht oder das Vorlesen aus der Zeitung, das bot ihr die Versicherung dagegen ebenso wenig wie die beantragte Rehabilitation. Pflegebedürftige werden in Deutschland am Leben erhalten. Mehr nicht, Qualität ist für dieses Leben nicht vorgesehen. Marie Kirsch bekam das deutlich zu spüren; die Pflegerin war chronisch unter Druck, alles musste immer zack, zack gehen, Gespräche beschränkten sich auf die Durchführung der Verrichtungen.

Immer mehr Heimbewohner bekommen Sozialhilfe

Niemand wird durch eine solche Behandlung fitter und lebensfroher. Marie Kirschs Bewegungsradius schrumpfte, sie hatte weniger soziale Kontakte, wurde lethargisch und fühlte sich zunehmend hilflos. Mittlerweile fiel es ihr sogar schwer, sich ohne Hilfe ein Frühstück herzurichten.

Ihr Sohn beantragte eine Höherstufung, der Gutachter kam erneut zu Besuch – und lehnte ab. Formal sind solche Gutachter zwar unabhängig, aber sie leben von den Aufträgen der Pflegeversicherung. Die muss monatlich für einen Klienten mit Pflegegrad 3 über 600 Euro mehr bezahlen als für einen mit Pflegegrad 2. Da kommt es vermutlich gut an, wenn nicht jeder Antrag bewilligt wird.

Wer mit der rationierten Minutenpflege ambulanter Helfer nicht auskommt, aber weiter in den eigenen vier Wänden leben will, hat natürlich die Möglichkeit, sich auf eigene Kosten zusätzliche Unterstützung zu erkaufen.

Und wer dieses Geld nicht hat? Dem bleibt am Ende nur der Umzug ins Heim. Womit wir beim nächsten Systemfehler sind: Pflege in den eigenen vier Wänden scheitert häufig am Geld, ein Leben im Heim dagegen (fast) nie. Obwohl für einen Heimplatz in Nordrhein-Westfalen bei Pflegegrad 3 etwa 4000 Euro fällig werden, ist die Bezahlung auch dann kein Problem, wenn der Bewohner beziehungsweise seine Familie so viel Geld nicht hat.

Zwar bezahlt die Pflegeversicherung von diesen 4000 Euro nur 1262, doch reichen Rente und Ersparnissen nicht aus, um die verbleibende Lücke zu schließen, übernimmt den Rest die Stadt über die «Hilfe zur Pflege» (Sozialhilfe) und das Land über das Pflegewohngeld.* Anschließend versucht die öffentliche Hand zwar, sich zumindest einen Teil dieser Zuschüsse von den Kindern des Pflegebedürftigen zurückzuholen, aber die Freibeträge sind hoch, die Berechnung kompliziert und die Verfahren langwierig.

Außerdem hat die Bundesregierung just beschlossen, dass erwachsene Kinder Pflegebedürftiger in Zukunft nur noch dann zahlungspflichtig sind, wenn sie mehr als 100 000 Euro im Jahr verdienen.

Dies wird zur Folge haben, dass der Anteil der Heimbewohner, die von Sozialhilfe abhängig sind, weiter steigt – bereits heute sind es deutschlandweit fast 42 Prozent.[15] Und auch die Ausgaben der Sozialämter für «Hilfe zur Pflege», die zwischen

---

* Pflegewohngeld wird nur noch in Nordrhein-Westfalen, Mecklenburg-Vorpommern und Schleswig-Holstein bezahlt.

2006 und 2016 bereits um 50 Prozent wuchsen, werden weiter zunehmen. [16]

Ob es Beratung gibt, ist Glücksache

Diese Entwicklung lässt sich unter anderem darauf zurück-führen, dass die meisten Städte in Deutschland gar keine funktionierende Versorgung diesseits des Heims mehr anbieten. Unzählige schlossen ihre Sozialstationen, zogen sich mit Erfindung der Pflegeversicherung aus der Altenarbeit zurück. Beim Deutschen Städtetag wächst seit einigen Jahren die Erkenntnis, dass der Ansatz, die Altenarbeit an die Pflegeversicherung zu delegieren und sich ansonsten herauszuhalten, weder ökonomisch – wegen der steigenden Sozialhilfekosten – noch politisch funktioniert. Bereits 2015 forderten die Vertreter der Kommunen in einem Positionspapier deshalb die Regulierung des sogenannten Pflegemarktes und mehr Einfluss – und Geld – für die Städte, damit sie die kommunale Pflegeplanung und -beratung wieder selbst übernehmen könnten – vergeblich.

Dass es dazu nicht kommen wird, solange die Pflegeversicherung existiert, zeigt die Diskussion über das «Pflegestärkungsgesetz III», das im Jahr 2016 beschlossen wurde. Im Rahmen eines Modellvorhabens sollten «bis zu 60» kommunale Pflegeberatungsstellen aus Mitteln der Versicherung geschaffen werden.

Die Pflegekassen wehrten sich vehement dagegen.[17] Auf diesen Konflikt und auf die unglückliche Rolle der Städte in der Pflege insgesamt komme ich in Kapitel 10 noch zurück.

Unzählige Pflegebedürftige in Deutschland – das ist die Quintessenz – werden erst durch die herrschenden Verhältnisse dazu gemacht und anschließend mangels Alternativen zum Umzug ins Heim gezwungen.

Rehabilitation im besten Wortsinne, der Versuch, alten Menschen wieder auf die Beine zu helfen, findet in Deutschland kaum noch statt. Siebzig Prozent aller Neuzugänge im Pflegeheim werden heute direkt aus dem Krankenhaus dorthin überwiesen, ein Anteil, der sich innerhalb von zehn Jahren mehr als verdoppelt hat.[18]

Es herrscht das Prinzip stationär vor ambulant. Das System sorgt nicht dafür, dass die Menschen so lange wie möglich zu Hause leben können, bezahlt ihnen aber einen Heimaufenthalt. Diesen Konstruktionsfehler und die Folgen beschrieb ausgerechnet Norbert Blüm anlässlich des zwanzigjährigen Bestehens der Pflegeversicherung im Jahre 2014: Man müsse raus aus dem Prinzip «entweder allein zu Hause oder ab ins Heim». Denn zwischen der Pflege in den eigenen vier Wänden und einer stationären Betreuung gebe es tausende Abstufungen. «In diesen Zwischenräumen muss eine große Infrastruktur von Tagespflegeplätzen, von höchst unterschiedlichen Angeboten entstehen.» Damit dies geschehen könne, brauche die Gesellschaft mehr Phantasie, so Blüm.[19]

Und sie braucht vor allem ein anderes Finanzierungs- und Anreizsystem. Denn Zwischenräume, in denen Pflegebedürftige leben könnten, sieht das System nicht vor. So würden viele Familien gerne eine Tagespflege nutzen, doch weil sich in dem Bereich kaum Geld verdienen lässt, gibt es zu wenige Anbieter. Die Situation hat sich zwar seit der jüngsten Pflegereform etwas gebessert, doch zufriedenstellend ist sie noch lange nicht.

Eine Kurzzeitpflege im Heim, etwa damit die Kinder des Pflegebedürftigen in den Urlaub fahren können, ist ebenso schwer zu finden. Heime haben kein Interesse daran, Betten für kurzfristige Aufenthalte freizuhalten, weil sie diese Betten aufgrund der großen Nachfrage auch durchgängig belegen und auf diese Weise mehr Geld verdienen können.

Auch diese Defizite verdanken wir der Pflegeversicherung. Durch ihre Anreize fördert sie Strukturen, die wenig bis keine Rücksicht auf die Bedürfnisse der Betroffenen nehmen. Gleichzeitig verhindert sie den Aufbau von Strukturen, die eine individuelle Pflege, eine, die auf Rehabilitation und Lebensqualität ausgerichtet ist, ermöglichen.

Die Verhältnisse sind nicht alternativlos

Eines dieser Bedürfnisse ist, so lange wie möglich im gewohnten Umfeld leben zu können. Trotzdem nimmt der Anteil derjenigen, die bereits mit einem niedrigen Pflegegrad ins Heim umziehen müssen, kontinuierlich zu.[20] Vielen dieser Menschen bliebe das erspart, wenn die Versorgung in den angesprochenen «Zwischenräumen» besser wäre.

Und wenn es in der Pflege einen Wettbewerb um die Kunden gäbe. Dann bekäme Marie Kirsch nach ihrem Oberschenkelhalsbruch zunächst eine stationäre Rehabilitation, anschließend passgenaue, flexible Unterstützung durch einen Pflegedienst und vielleicht irgendwann eine Wohnung mit Aufzug.

Doch die Verhältnisse, sie sind nicht so. Sondern sie sorgen dafür, dass Marie Kirsch wie viele andere gegen ihren Willen ins Heim umziehen muss.

Unsere Gesellschaft hat sich mittlerweile so sehr an diese Verhältnisse gewöhnt, dass viele sie für zwar bedauernswert, aber alternativlos halten. Das ist ein großer Irrtum, denn es gibt Alternativen zu unserem perfekt organisierten Irrsinn in der Altenhilfe, wie ich ab Kapitel 11 noch anhand mehrerer Beispiele zeigen werde.

Solche Alternativen existieren auch in Deutschland. Allerdings funktionieren sie nicht etwa deshalb, weil die Mechanismen unseres Pflegesystems sie fördern und unterstützen, sondern sie funktionieren im Widerstand gegen dieses System.

Das folgende Kapitel handelt davon, warum es in der stationären Pflege keinen freien Markt und auch keinen Wettbewerb um die Kunden gibt. Und warum Investmentfirmen gerade deshalb Milliarden in den Bau von immer mehr Heimen stecken.

Altenpflege in Zahlen

Pflegeanbieter

In Deutschland gibt es etwa 14 500 Altenheime. Von ihnen werden 42,6 Prozent privat betrieben, 52,7 Prozent freigemeinnützig (Caritas, Diakonie, Arbeiterwohlfahrt u.a.) und 4,7 Prozent öffentlich (Kommunen und Landkreise).

Die Zahlen in der ambulanten Versorgung lauten: 14 050 Anbieter, davon 65,8 Prozent privatwirtschaftlich, 32,8 Prozent freigemeinnützig und 1,4 Prozent öffentlich (Zahlen für 2017).[21]

Pflegebedürftige

Ende 2017 waren in Deutschland 3,41 Millionen Menschen pflegebedürftig, etwa 550 000 mehr als noch zwei Jahre zuvor. Hauptgrund für den starken Anstieg war die Einführung eines neuen Pflegebedürftigkeitsbegriffs im Jahre 2017.

Versorgungsarten

2,59 Millionen Menschen oder 76 Prozent der Pflegebedürftigen werden zu Hause versorgt, davon 1,76 Millionen ausschließlich durch Angehörige und 830 000 entweder vollständig oder teilweise durch einen Pflegedienst.

818 000 oder 24 Prozent der Pflegebedürftigen leben in einem Pflegeheim.

Deren Zahl ist gegenüber 2015 um 34 900 oder 4,5 Prozent angestiegen, die der zu Hause Versorgten um 518 000 oder 24,9 Prozent. Wobei letztgenannter Anstieg, der ebenfalls mit den Reformen Anfang 2017 zusammenhängt, ein schiefes Bild zeichnet. Denn ungefähr die Hälfte der 518 000 zusätzlich zu

Hause Versorgten sind in Pflegegrad 1 eingestuft. Sie erhalten weder Pflegegeld noch die Unterstützung eines Pflegedienstes, sondern lediglich den sogenannten Entlastungsbetrag von monatlich 125 Euro.

Pflegekräfte

Von etwa einer Million Beschäftigten in der Altenpflege sind 85 Prozent Frauen. Bei fast der Hälfte der Angestellten handelt es sich um Hilfskräfte, die keine oder eine nur bis zu zweijährige Ausbildung haben.

Personalmangel

Laut Bundesregierung sucht die Branche etwa 24 000 Mitarbeiter, statistisch kann jeder Bewerber aus fünf offenen Stellen wählen. Ohne die stark zunehmende Leiharbeit in der Branche wäre der Mangel etwa doppelt so groß.

Wie viele Pflegerinnen in Zukunft fehlen werden, hängt von vielen Faktoren ab und ist deshalb kaum exakt vorherzusagen. Dass das Problem dramatische Ausmaße annehmen wird, darüber sind sich allerdings alle einig.

Die Bertelsmann-Stiftung kommt in einer Studie auf einen zusätzlichen Bedarf von 500 000 Vollzeitkräften in der Altenpflege bis 2030.[22]

Kapitel 4

Gute Gewinne mit schlechter Pflege:
Warum immer mehr Heime gebaut werden, obwohl
dort eigentlich niemand einziehen will

«Welchen Pflegegrad hat denn Ihre Mutter?
Pflegegrad 3 wäre schon gut.»

A chtzig Prozent der Bundesbürger haben Angst davor, irgendwann in ein Pflegeheim umziehen zu müssen, lediglich sechs Prozent würden dies freiwillig tun, fand eine Umfrage Ende 2017 heraus.[23]

Trotzdem entstehen Jahr für Jahr 300 zusätzliche Heime,[24] 2017 lebten in den Einrichtungen über 100 000 Menschen mehr als noch 2007.[25]

Es gibt ein Produkt – den Pflegeheimplatz –, das bei den Kunden höchst unbeliebt ist. Trotzdem wird es massenweise produziert und mit großem Erfolg verkauft. Alle vier von mir zufällig ausgewählten Heime in Mülheim an der Ruhr, die ich im April 2019 besuchte, waren bis zum letzten Platz belegt. Zwei dieser Heime führen keine Warteliste mehr, sie belegen frei gewordene Zimmer spontan mit jenen, die sich auf der Suche nach einem Platz bei ihnen melden.

Und Nachfrage gibt es reichlich, deshalb baut die Branche in Mülheim auch zügig weiter. Im Mai eröffnete der Betreiber Alloheim mitten in der Innenstadt auf dem ehemaligen Kaufhof-Gelände ein weiteres Heim.

Insgesamt gab es 2017 in Deutschland 5000 Heime mehr als noch 1995, jenem Jahr, als die Pflegeversicherung eingeführt wurde.

Für dieses auf den ersten Blick absurde Phänomen – viel Angebot und viel Nachfrage für ein sehr unbeliebtes Produkt – gibt es zwei Gründe. Den ersten habe ich im vorigen Kapitel beschrieben: Menschen ziehen ins Heim, weil das System unserer Nicht-Altenhilfe sie dazu zwingt. Sie finden schlicht keine Angebote, die ihnen trotz Unterstützungsbedarf ein Leben in den eigenen vier Wänden ermöglichen. Der zweite Grund: Mit Pflegeheimen lässt sich nahezu ohne Risiko sehr viel Geld verdienen. Laut dem «Pflegeheim Rating Report 2017» erwirtschaftete ein durchschnittliches Heim 2015 ein Betriebsergebnis von 14 Prozent.[*] Die Ausfallwahrscheinlichkeit (Gefahr der Zahlungsunfähigkeit) betrug zugleich nur 0,54 Prozent. In anderen Branchen liegt dieser Wert zehnmal so hoch – mindestens.

Renditen von vier bis fünf Prozent sind keine Seltenheit

Beides verdankt die Branche der Pflegeversicherung. Die Renditen sind hoch, weil das Geld der Pflegeversicherung und der Sozialämter hohe Preise ermöglicht, und weil sie es den Betreibern leichtmacht, den Gewinn auf Kosten der Bewohner zu steigern.

Die Risiken sind dagegen verschwindend gering, weil es kaum Leerstände gibt, und weil eine staatliche Versicherung natürlich sehr verlässlich bezahlt. Entsprechend beliebt sind Heime als Geldanlage: Deutsche Kleinanleger investieren pro Jahr etwa 500 Millionen Euro in den Pflegemarkt und erhalten dafür eine Verzinsung von vier bis fünf Prozent. Das Angebot

[*] EBITDAR (Betriebsergebnis vor Zinsen, Steuern, Abschreibungen, Amortisation und Mieten)

ist riesig, wer «Pflegeimmobilie» googelt, erhält über eine halbe Million Treffer.

Anleger können sich über den Kauf von Fondsanteilen am Bau eines neuen Heims beteiligen oder ein Apartment darin erwerben und anschließend die Miete kassieren. Dabei sorgt die Trennung von Bauherr und Betreiber – das sogenannte Investorenmodell* – dafür, dass der Anleger auch dann regelmäßig sein Geld bekommt, wenn das Apartment doch mal vorübergehend leer steht. Denn die Pacht, die der Betreiber an den Bauherrn bezahlt, ist pauschal, also unabhängig von der Belegung des Hauses und nicht selten überhöht. Hat der Betreiber also wirtschaftliche Probleme, dann muss er beim Personal, beim Essen oder beim Hygienematerial sparen – mit den entsprechenden Folgen für die Bewohner.

Über den Tisch gezogen wird nur die Behörde

Hinzu kommt, dass bei der Trennung von Bauherr und Betreiber häufig auch die öffentliche Hand über den Tisch gezogen wird: Dazu vereinbart der Investor, der das Heim baut, mit dem Betreiber ein Konzept und schließt einen Pachtvertrag mit ihm ab. Beides sieht sich das Sozialamt an und legt fest, wie viel es für jeden Sozialhilfeempfänger, der zukünftig in diesem Heim wohnen wird, pro Tag an Kaltmiete zu zahlen bereit ist. Die zuständigen Ämter kontrollieren jedoch fast nie, ob die Bausumme, die der Kaltmiete zugrunde liegt, auch tatsächlich verbaut wurde – oder ob das Gebäude am Ende nicht viel billiger war.

---

* Etwa 40 Prozent aller Heime in Deutschland werden nach diesem Investorenmodell betrieben. Stand: September 2017. Siehe dazu: https://www.haufe.de/immobilien/entwicklung-vermarktung/marktanalysen/pflegeimmobilien-nur-30-prozent-investmentfaehige-haeuser-am-markt_84324_426886.html

Eine Differenz von zehn bis zwanzig Prozent ist bei solchen Geschäften keine Seltenheit. In diesem Fall zahlen sowohl der Betreiber als auch das Amt zu viel. Über den Tisch gezogen wird aber nur die Behörde, denn der Betreiber kann sich seinen Anteil auf unzählige, durchweg legale Arten zurückholen. Wer sich Heimneubauten und ihre Konzepte ansieht, stellt fest, dass die beschriebene Trennung von Bauherr und Betreiber die Regel ist.

Obwohl also die Zustände in vielen Heimen verheerend sind – oder besser gesagt: weil sie so sind –, können sich ohnehin schon vergleichsweise wohlhabende Menschen an ihnen bereichern. Als wäre das allein nicht schon absurd genug, unterstützt die bundeseigene KfW-Bank das Investment in bestimmte, besonders energiesparende Heimneubauten auch noch mit Zins- und Tilgungszuschüssen. Diese inhaltlich eigentlich sinnvolle Subvention kommt dabei nicht etwa den Heimbewohnern zugute, sondern den Geldanlegern.

Auch Finanzinvestoren kaufen Pflegeheime

Die gleichermaßen üppige wie stabile Finanzierung der Heime lockt nicht nur Privatanleger, sondern auch internationale Finanzinvestoren an, die Milliarden investieren. Statt einzelner Apartments oder Häuser kaufen sie gleich ganze Pflegeheimketten und Betreiberfirmen.

Zwischen 2013 und 2018 gab es laut Institut für Arbeit und Technik in der Gesundheitsbranche etwa 130 solcher Übernahmen. Die größten davon betrafen Pflegeunternehmen.[26] Allein im zweiten Halbjahr 2017 wurden drei große deutsche Altenheimketten von Hedgefonds übernommen.[27]

Am meisten sparen lässt sich am Personal

Für eine von ihnen, Alloheim, war es seit 2008 bereits der dritte Eigentümerwechsel.[28] Die Geschichte dieses Unternehmens zeigt eindrucksvoll, wie viel Geld und wie viel Anlegerphantasie im Geschäft mit den Alten steckt. 2008 übernahm mit Star Capital Partners erstmals ein Finanzinvestor die Alloheim GmbH mit damals 13 Heimen. 2013 reichte Star Capital das Unternehmen mit dann 49 Einrichtungen an die Carlyle Group weiter – zum Preis von 180 Millionen Euro.[29] In den Folgejahren wuchs Alloheim vorwiegend durch Zukäufe auf mehr als 155 Pflegeheime an.

Dieses Paket erwarb Ende 2017 Nordic Capital. Der schwedische Finanzinvestor bezahlte sagenhafte 1,1 Milliarden Euro, also mehr als sechsmal so viel wie die Carlyle Group noch 2013.

Hinter solchen Deals steckt sowohl privates Geld als auch das von Unternehmen, beides wird durch Beteiligungsgesellschaften gebündelt. Das Geschäftsmodell ist denkbar schlicht: Heimbetreiber aufkaufen, Größe und Rendite steigern, mit Gewinn weiterverkaufen. Die Antwort auf die Frage, warum gerade diese Investments so problematisch sind, lautet: Mehr Rendite im Heim führt fast zwangsläufig zu weniger Pflege. Natürlich lassen sich auch mit effizienterer Verwaltung, besserem Einkauf oder ähnlichen Optimierungen ein paar Euros herauspressen, aber mindestens siebzig Prozent der Betriebskosten eines Heims sind Personalkosten. Wer also wirklich sparen will, der tut dies mit hoher Wahrscheinlichkeit an dieser Stelle. Eine Möglichkeit ist, bei gleichem Gehalt das Arbeitspensum zu erhöhen, eine andere, weniger Fachkräfte und mehr billigere Hilfskräfte zu beschäftigen.

Das Interesse privater Investoren oder Aktionäre ist also ein grundsätzlich anderes als das der Bewohner ihrer Pflegeheime.

Die einen wünschen sich, dass Überschüsse dem Heim entnommen und an sie ausgeschüttet werden. Die anderen hätten deutlich mehr davon, wenn dieses Geld in Personal, Reha-Technik oder zusätzliche Therapieangebote oder einfach nur in Waschlappen und Handtücher investiert würde, damit Bewohner nicht mit Einweg-Feuchttüchern gewaschen und mit Kissenbezügen abgetrocknet werden müssen.*

Es gibt in der Pflege also einen unauflösbaren Gegensatz zwischen dem Gewinnstreben privater Heimbetreiber und ihrer Geldgeber auf der einen und einer möglichst menschenwürdigen Versorgung auf der anderen Seite.

Viele Betreiber haben Probleme

Natürlich ist ein Heim nicht zwingend schlechter als andere, weil es privat geführt wird. Aber es gibt Indizien, die darauf hindeuten, dass von dem Geld der Investoren – vorsichtig formuliert – nicht alles bei den Pflegebedürftigen ankommt. Das gilt auch für den bereits erwähnten Betreiber Alloheim. Das ARD-Magazin PlusMinus berichtete Ende 2018 über deutliche Pflegemängel in einem Haus, das zuvor von Alloheim übernommen worden war. Eine Angehörige klagte über mangelnde Körperpflege bei ihrer Mutter, eine ehemalige Mitarbeiterin sprach über gekündigte oder wegen Überlastung dauerhaft krankgeschriebene Mitarbeiter, den Einsatz von Pflegehelfern anstelle von Fachpersonal oder von Zeitarbeitern, von denen einige nur zwei Tage blieben. Zweimal verkaufte Alloheim Häuser im letzten Moment an andere Betreiber weiter, bevor diese wegen Pflegemängeln behördlich geschlossen werden konnten.[30]

---

* Man beachte dazu auch die Diskussion auf Twitter unter #twitternwirueddel und die unter diesem Hashtag dokumentierten Erfahrungen von Pflegekräften.

Natürlich hat nicht nur Alloheim Probleme. Ähnliche Berichte gibt es auch über Häuser der Vitanas-Kette, die 2017 vom US-Finanzinvestor Oaktree Capital übernommen wurde,[31] und auch über den Betreiber Compassio und viele mehr.

Der Gesundheits- und Versorgungsforscher Professor Max Geraedts von der Philipps-Universität Marburg hat das Verhältnis zwischen Qualität, Preis und Profitorientierung deutscher Pflegeheime im Rahmen einer Studie untersucht.[32]

Dabei gab es drei zentrale Ergebnisse. Erstens: Profitorientierte Heime sind im Durchschnitt billiger als nicht profitorientierte.[*] Zweitens: Alle Heime werden – gemessen an den veröffentlichten Pflegenoten – besser, je teurer sie sind. Drittens: «Profitorientierte Pflegeheime in Deutschland bieten im Vergleich zu nicht profitorientierten Pflegeheimen insgesamt eine geringere Qualität.»[33] Aus internationalen Untersuchungen, so die Studie weiter, sei letztgenannter Zusammenhang schon länger bekannt.

Üppige Gewinne in einem unterfinanzierten Sozialsystem

Dass üppige Gewinne in einem ansonsten unterfinanzierten Sozialsystem problematisch sind, weiß auch Jens Spahn. Der Gesundheitsminister sagte im Sommer 2018 im *Handelsblatt*, er halte zweistellige Renditeerwartungen von Heimbetreibern in einem personalintensiven Bereich wie der Pflege für unangemessen. Und er wies darauf hin, dass der weit überwiegende Teil der Leistungen durch Pflegeversicherung und Sozialhilfe – also umlagefinanziert über Beiträge und Steuern – bezahlt werde.

---

[*] Billiger zu sein als andere kann betriebswirtschaftlich deshalb sinnvoll sein, weil niedrige Preise in der Regel für eine dauerhaft maximale Auslastung sorgen.

Obwohl Spahn im selben Artikel noch den Satz nachschob, man werde in der Pflege nicht den Sozialismus einführen, sah er sich anschließend genau diesem Vorwurf ausgesetzt. In einer kleinen Anfrage wollten Abgeordnete der FDP wissen, ob die Bundesregierung «Veränderungen der marktwirtschaftlichen und privaten Strukturen in der Pflegewirtschaft» plane.[34]

Die Pflegebranche kennt keinen Wettbewerb

Die Bundesregierung bemühte sich in ihrer Antwort nach Kräften, diesen Eindruck zu zerstreuen und zu betonen, dass sie unternehmerische Vielfalt und einen Wettbewerb der Anbieter in der Pflege für unbedingt wünschenswert hält: Pflegebedürftige und ihre Angehörigen sollen «frei wählen können zwischen Pflegeanbietern – ambulant wie stationär – mit unterschiedlichen Profilen, Schwerpunkten und Angeboten.»[35]

Weiter heißt es: «Der Wettbewerb soll zu einem besseren Angebot für Pflegebedürftige und ihre Angehörigen führen.»[36] Auf die Frage, ob es innerhalb der Bundesregierung Planungen zu einer staatlichen Gewinnbegrenzung bei Pflegeanbietern gebe und wenn ja, wie sich dies aus Sicht der Bundesregierung mit marktwirtschaftlichen Prinzipien vereinbaren ließe, lautete die Antwort: «Pflegeeinrichtungen sollen nach betriebswirtschaftlichen Kriterien und Maßstäben geführt werden. Unternehmen, die sich im Wettbewerb bewähren wollen, benötigen ein wirtschaftlich tragfähiges Konzept. Das unternehmerische Risiko, zum Beispiel im Hinblick auf die Belegungsquote, muss honoriert, Investitionen müssen getätigt und eine Zukunftsplanung muss betrieben werden können.»[37]

Erwähnenswert ist all das deshalb, weil die Bundesregierung hier behauptet, es gebe unter Heimbetreibern so etwas wie einen freien Markt oder funktionierenden Wettbewerb, und sich damit fast vollständig die zweckdienliche Argumentation der Branche zu eigen macht. Entsprechend euphorisch reagierte deren wichtigste Lobbyorganisation, der bpa e. V.*, auf die Aussagen der Bundesregierung: «Endlich regiert wieder die Vernunft», so bpa-Präsident Bernd Meurer in einer Pressemitteilung. Die Ausführungen der Bundesregierung seien «ein klares Bekenntnis zu unternehmerischer Freiheit und fairem Wettbewerb in der Pflege».[38]

Den Mythos, die Branche funktioniere nach marktwirtschaftlichen Prinzipien, hegt der Verband seit Jahren liebevoll. Da findet eine Fachtagung unter dem Motto «Vertrauen in Markt und Wettbewerb: die private Pflege» statt, da lädt man sich Norbert Blüm ein, der vom Markt als «Pfadfinder der Bedürfnisse» schwadroniert, da erklärt Rainer Brüderle, Ex-Bundeswirtschaftsminister und heute Präsident des bpa-Arbeitgeberverbands: «Der Markt wirkt besser als Zwangsregulierung.»

Wer sich die herrschenden Verhältnisse genauer ansieht, stellt allerdings schnell fest, dass in der stationären Pflege ganz im Gegenteil deshalb so gut verdient wird, weil es beides, einen funktionierenden Markt und einen funktionierenden Wettbewerb, eben nicht gibt.

Der Kunde hat keine echte Wahl

Märkte sind Handelsplätze, die nach bestimmten Regeln funktionieren, nach Marktgesetzen. Wie sie wirken, lässt sich gut am Beispiel eines Wochenmarkts veranschaulichen. Da ist zu-

---

* Der *Bundesverband privater Anbieter sozialer Dienste* hieß ursprünglich *Bundesverband Privater Alten- und Pflegeheime*. Er vertritt nach eigenen Angaben über 10 000 Heime und Pflegedienste und damit jede dritte Pflegeeinrichtung bundesweit.

nächst die Preisbildung mit Hilfe von Angebot und Nachfrage: Der Händler kann seine Äpfel nur zu einem Preis verkaufen, den die Kunden bereit sind zu bezahlen. Bietet der Händler neben ihm billigere Äpfel bei gleicher Qualität an, muss er ebenfalls mit den Preisen runter. Der Kunde hat die Möglichkeit, sich die schönsten, preiswertesten oder am liebevollsten verpackten Äpfel auszusuchen.

Wer hier Geschäft machen und Geld verdienen will, muss sich im harten Wettbewerb bewähren, zu möglichst niedrigen Preisen einkaufen, geschulte, zugewandte Verkäufer beschäftigen und die Bedürfnisse seiner Kunden kennen, um immer das Passende im Sortiment zu haben.

Natürlich funktionieren Märkte abgesehen vom Handel mit Obst und Gemüse fast nirgendwo so idealtypisch. Für manche Produkte gibt es nur noch zwei oder drei Anbieter, was auf der einen Seite die Wahlmöglichkeit der Kundschaft und auf der anderen Seite den Preisdruck der Anbieter begrenzt. Auch kann ein Produkt oder eine Dienstleistung so komplex sein, dass der Kunde die Qualität nicht wirklich beurteilen kann.

Beim Geschäft mit Pflegeheimplätzen ist es allerdings so, dass die herrschenden Verhältnisse nicht einzelne, sondern fast alle Marktgesetze außer Kraft setzen. Es gibt keinen Preis, der sich durch Angebot und Nachfrage bildet, sondern er wird durch Verhandlungen zwischen Heimbetreiber, Pflegeversicherung und Sozialamt festgelegt. Seine Höhe hängt auch davon ab, wie viele Fachkräfte pro Bewohner beschäftigt werden müssen.

Auch weil diese Vorgabe unterschiedlich ist, schwanken die Preise für einen Heimaufenthalt von Bundesland zu Bundesland erheblich. Deutlich weniger unterscheiden sie sich in zwei Nachbarkommunen und noch weniger innerhalb einer Stadt: Bei der Zufallsstichprobe in Mülheim an der Ruhr im April 2019 bewegten sich die monatlichen Preise bei Pflegegrad 3 in drei

Heimen zwischen 3904,40 und 3953,38 Euro, ein viertes war mit 3698,12 Euro etwas günstiger.*

Die Möglichkeit, sich für dieses vierte Heim zu entscheiden, hat der Kunde aber nur theoretisch. Bei meinem Besuch waren alle Häuser voll belegt, zwei von ihnen führten auch keine Wartelisten. Wer also kurzfristig einen Platz sucht, muss dort einziehen, wo etwas frei wird. Und kurzfristig ist der Bedarf fast immer. Siebzig Prozent aller Neuaufnahmen in Heimen werden – wie schon beschrieben – heute direkt aus dem Krankenhaus dorthin überwiesen. Und Kliniken wollen alte Menschen nach erfolgter Akutbehandlung aus Kostengründen so schnell wie möglich loswerden. Der Pflegeheimplatz muss also nicht kurzfristig her, sondern schlicht sofort. Welche Wahl haben ein alter Mensch und seine Angehörigen in dieser Situation?

Die Äußerung der Bundesregierung, Pflegebedürftige und ihre Angehörigen sollten frei wählen können zwischen Pflegeanbietern mit unterschiedlichen Profilen und Angeboten, klingt da – jedenfalls in Bezug auf die Heime – wie blanker Hohn.

Auch von einem funktionierenden Wettbewerb kann keine Rede sein. Das liegt erstens daran, dass die Häuser vielerorts auch dann voll belegt sind, wenn sie schlecht pflegen. Zweitens müssen hier Gewinne nicht marktwirtschaftlich gegen harte Konkurrenz erkämpft werden, sondern die Gemeinschaft teilt sie via Pflegeversicherung planwirtschaftlich zu.

Die Investmentbranche wirbt ganz offen mit dieser Zuteilung. In fast keinem Prospekt für Geldanlagen in Heime fehlt der Hinweis, die Einnahmen seien «garantiert».

Den schwerwiegendsten Nachteil von Planwirtschaft – miese Qualität wegen fehlendem Wettbewerb – müssen dabei die Pfle-

---

* Dabei handelte es sich sowohl um private als auch um kommunale und freigemeinnützige Heime.

gebedürftigen ausbaden. Den Heimbetreibern bleiben die staatlich garantierten Einnahmen und am Ende üppige Gewinne.

Und die Pflegeversicherung sorgt nicht nur für stabile Einnahmen, sie motiviert auch dazu, diese Einnahmen auf Kosten der Pflegebedürftigen weiter zu optimieren.

Zunehmendes Siechtum ist gut fürs Geschäft

Geht es einem Bewohner wegen unzureichender Pflege schlechter, bekommt er einen höheren Pflegegrad. Die Höherstufung bringt dem Heim mehr Geld, denn je höher der Pflegegrad, desto mehr zahlt die Pflegeversicherung. Anders gesagt: Je sicher ein alter Mensch, desto mehr Umsatz macht das Heim mit ihm.

Deshalb haben die Häuser auch kein Interesse an beweglichen, motivierten Bewohnern, sondern eher an Kunden mit großem Hilfebedarf und entsprechend hohem Pflegegrad. Woraus viele Betreiber kein Hehl machen. Wie beschrieben, besuchte ich in Mülheim an der Ruhr unterschiedliche Heime und erkundigte mich nach einem Platz für meine Mutter. In einem der Heime sagte mir die Mitarbeiterin am Empfang, das Haus sei voll, und es gebe eine Liste mit Voranmeldungen. Und weiter: «Das geht bei uns natürlich auch nach Dringlichkeit. Welchen Pflegegrad hat denn Ihre Mutter? Pflegegrad 3 wäre schon gut.» Für die Bilanz des Heims, möchte man hinzufügen. Und was im Einzelfall noch nicht ist, das kann ja noch werden. Zum Beispiel mit Hilfe eines jener Berater, die Pflegeheimen beibringen, wie sie für ihre Bewohner «optimale» Pflegegrade herausholen. («Die Höherstufung richtig umsetzen»; «Die falsche Pflegestufe geht aufs Haus.»)

Noten verschleiern mehr, als sie aufdecken

Die zynische Logik des Systems kritisieren mittlerweile sogar manche Heimleiter. Einer von ihnen ist Oskar Dierbach, geschäftsführender Pflegedienstleiter im Haus Ruhrgarten in Mülheim an der Ruhr.* Seiner Ansicht nach haben die allermeisten Häuser kein Interesse daran, ihre «Kunden» fitter zu machen, schon gar nicht so fit, dass ein Teil von ihnen das Heim vielleicht sogar lebend wieder verlassen kann.

Zumal auch die zuständige Kontrollinstanz, der Pflege-TÜV, solche Anreize nicht setzt. Und der Pflege-TÜV sorgt auch nicht dafür – obwohl das die Bezeichnung nahelegen könnte –, dass Heimbewohner gewartet werden wie Autos. Es ist viel schlimmer. Arbeitete der Pflege-TÜV wie der für Fahrzeuge, dann würden seine Bewertungen Mängel sichtbar machen und die Heimbetreiber zwingen, sie abzustellen. Doch davon kann nicht die Rede sein. Denn die Kontrollen und das Notensystem des Pflege-TÜVs verschleiern mehr, als sie aufdecken.

Ein Beispiel: Die Seniorenresidenz Anna Maria im baden-württembergischen Ludwigsburg bekam im Sommer 2016 für ihre Pflege die Note 3,2. Bewohner und Mitarbeiter hatten über gravierende Missstände geklagt, über zu wenig Personal, eintöniges Essen und Pflegemängel. Sogar ins Krankenhaus hatte man einige Bewohner verlegen müssen.[39]

Die Behörden verhängten einen Aufnahmestopp und verstärkten die Kontrollen. Anschließend schien sich die Lage zu bessern: Nach einer weiteren Prüfung erhielt das Haus im März 2017 für «Pflege und medizinische Versorgung» die Note 1,3. Alles wieder im grünen Bereich also? Wende zum Besseren geschafft? Mitnichten: Im November 2017, nur acht Monate nach

---

* Mehr zum Haus Ruhrgarten steht in Kapitel 16.

der guten Benotung, verfügte die Heimaufsicht die Schließung des Hauses. Ein Kommentator der *Stuttgarter Zeitung* schrieb dazu: «Die Zustände in der Seniorenresidenz Anna Maria haben sich nicht nachhaltig verbessert – vor allem in den Bereichen, in denen es darauf ankommt: in der Pflege und Hygiene der betagten Menschen. Die Verantwortlichen sehen das Wohl der Senioren in Gefahr.»[40] Dennoch konnte der Betreiber Alloheim die Schließung im letzten Moment verhindern, indem er das Haus an das Bremer Unternehmen Convivo verkaufte.

Einige Heime begehen im Grunde Körperverletzung

Berichte über schlechte Pflege gibt es seit Jahrzehnten. So hat der Medizinische Dienst als Kontrollinstanz bis 2001 mehrere tausend Heime geprüft und dabei erschreckende Missstände festgestellt. In fünf Prozent der Einrichtungen war die Pflege lebensgefährlich, in vierzig Prozent allenfalls ausreichend, nur zehn Prozent verdienten sich das Prädikat «gut».

Der im Jahr 2009 von der damaligen Bundesgesundheitsministerin Ulla Schmidt eingeführte Pflege-TÜV war eine Reaktion auf diese Zustände, sollte Mängel mit Hilfe regelmäßiger, standardisierter Prüfungen sichtbarer machen. Doch leider bewertet er weniger die Qualität der tatsächlichen Arbeit in den Heimen und mehr die Qualität der Dokumentation dieser Arbeit – also die Selbstauskunft. Was darin festgehalten wird, steht häufig in keinem Zusammenhang mit der tatsächlichen Behandlung der Bewohner. Denn oft würden die «Märchenzettel» schon bei Dienstbeginn ausgefüllt, schrieb eine Pflegekraft auf Twitter. «Weil: Was auf dem Papier steht, ist wichtig, wie es einem Patienten wirklich geht, ist egal.»[41] Deshalb beschäftigen viele Heime Fachkräfte, die sich ausschließlich um die «Märchenhaftigkeit» der Pflegedokumentation kümmern.

Hinzu kommt, dass sich schlechte Noten in (lebens-)wichtigen Bereichen der Pflege durch gute in Belanglosem kompensieren lassen: So fällt die mangelnde Qualität der Mahlzeiten bei der Benotung weniger ins Gewicht, wenn der ausgedruckte Speiseplan die richtige Länge und die passende Schriftgröße hat.

Wer auf diese Art prüft und bewertet, will vielleicht lieber gute Noten sehen als schlechte – und bekommt sie dann auch: Im März 2019 lag die Durchschnitts-Gesamtnote aller deutschen Heime bei 1,2.

Ex-Heimleiter und Buchautor Armin Rieger sagte 2017, dass in dem herrschenden System sogar Heime Top-Bewertungen bekämen, die mit ihrer schlechten Pflege im Grunde Körperverletzung begingen.[42]

Ein Grund dafür war laut Rieger, dass die Prüfungsfragen in Zusammenarbeit mit den großen Heimträgern, also von den Geprüften, entwickelt wurden. Wenn eine Schulklasse die Prüfungsaufgaben in Mathematik selbst erstellen dürfe, «dann können Sie davon ausgehen, dass auch die letzte Niete eine Eins bekommt.»[43]

Irgendwann wurde die Kritik an den Prüfungen und ihren Ergebnissen – den sogenannten Transparenzberichten – so laut, dass sich ihr weder Heimlobby noch Politik verschließen konnten. Eine Reform musste her. Ende 2018 wurde sie beschlossen und ab 1. November 2019 wirksam. Belastbare Ergebnisse sollen ab Ende 2020 vorliegen, wenn alle Heime einmal nach den neuen Regeln geprüft wurden. Statt Noten gibt es künftig ein Punktesystem, das zu einer Bewertung in vier Stufen führt. Diese reichen von «keine oder geringe Qualitätsdefizite» bis «schwerwiegende Qualitätsdefizite».

Wie geprüft wird, ist schwer zu durchschauen

Geprüft werden wie bisher das sogenannte Schmerzmanagement, Hilfen bei der Körperpflege, Unterstützung bei Mobilität, Essen, Trinken oder bei der Medikamenteneinnahme, aber auch die Erreichbarkeit der Pflegeeinrichtung, die Möglichkeit des Probewohnens oder die Personalausstattung. Außerdem soll veröffentlicht werden, wie sich die Pflege konkret auf die Bewohner und ihre Lebensqualität auswirkt.

Wie am Ende die Bewertung zustande kommt, ist allerdings schwer zu durchschauen: «In die Qualitätsinformationen nach dem neuen 3-Säulen-System fließen die Ergebnisse aus Qualitätsprüfungen, aus Qualitätsindikatoren und aus Einrichtungsinformationen ein», erläutert der Spitzenverband der Versicherer.[44] Damit diese Einflüsse in aller Ausführlichkeit abgebildet werden können, wird der Qualitätsbericht jedes Heims künftig 26 Seiten umfassen.

Es gehört nicht viel Phantasie dazu, sich vorzustellen, mit welcher Ratlosigkeit bis Verzweiflung Pflegebedürftige und ihre Familien, die einen Heimplatz suchen, vor diesen Machwerken sitzen werden. Die Menschen bräuchten einen Pflege-TÜV, der leicht verständlich ist, die Praxis abbildet und eine schnelle Vergleichbarkeit ermöglicht, fordert Eugen Brysch, Vorstand der Deutschen Stiftung Patientenschutz. «Es ist jedoch fraglich, ob das jetzt verabschiedete Modell diese rasche Bewertung ermöglicht. Denn es wird weder eine aussagefähige Gesamtnote noch K.-o.-Kriterien geben. Wer aber bei der Schmerztherapie, der Wundversorgung, dem Umgang mit Fixierung oder der Medikamentengabe durchfällt, darf nur die Note 6 bekommen.»[45]

Doch eine solche Note 6 wird es auch in Zukunft nicht geben, für kein einziges Heim. Weil es sie nicht geben soll.

Ein Betrugssystem löst das andere ab

Warum diese Undurchsichtigkeit fortbesteht? Weil die Regeln des neuen Pflege-TÜVs von denselben Akteuren stammen wie die des alten: von der Pflegeversicherung und den Heimbetreibern.

Beide können an einem wirklich aussagekräftigen Bewertungssystem kein Interesse haben. Träte den Kassen dadurch das ganze Elend in den Heimen vor Augen, müssten sie viel Geld in die Hand nehmen, um es abzustellen. Heimbetreiber wiederum bräuchten, um schlechten Noten vorzubeugen, mehr Personal – und damit ebenfalls mehr Geld. Hinzu kommt: Wenn es echte Noten von eins bis sechs gäbe, dann gäbe es auch einen echten Wettbewerb. Und wer will das schon?

Armin Rieger sagte 2017, als der neue Pflege-TÜV bereits intensiv diskutiert wurde, er erwarte, «dass ein Betrugssystem das andere ablöst».[46]

Dafür, dass es so kommt, spricht außerdem eine Schwäche des neuen Pflege-TÜVs, die von der «Weißen Liste» der Bertelsmann Stiftung ausgemacht wurde.* Es geht dabei um die Darstellung des Pflegepersonals in den Einrichtungen. Auch nach den neuen Regeln müssten die Heimbetreiber lediglich angeben, wie viele Angestellte sie einsetzen wollen. Ob sie sich dann im Pflegealltag tatsächlich an diese Vorgabe halten, wird nicht geprüft.[47]

Auch in Zukunft wird die Politik also eine Betrugsmasche tolerieren, die in der Branche seit mindestens zwanzig Jahren verbreitet ist. Die *Zeit* schrieb im Sommer 2001 unter dem Titel

---

* Die Mitarbeiter der «Weißen Liste» haben es sich zur Aufgabe gemacht, Qualitätsunterschiede in der deutschen Gesundheitsbranche transparent zu machen.

«Martyrium ohne Not»: «Bei einer Prüfung durch den Medizinischen Dienst hatten lediglich 4 der 22 besuchten Heime alle angegebenen Vollzeitstellen wirklich besetzt. In immerhin 6 fehlten drei bis neun Beschäftigte, in 4 Heimen sogar zehn und mehr. Wie viel Geld dies zusätzlich in die Kassen der Heimbetreiber spült, hat die Bundesregierung vorgerechnet: Eine vertragswidrige Unterbeschäftigung von zehn Vollzeitkräften bedeutet, auf ein Jahr hochgerechnet, einen Erlös von 800 000 Mark – zu Lasten der Gesundheit und Würde der pflegebedürftigen Bewohner.»[48]

Weiter heißt es in dem Artikel: «Ob das angegebene Personal wirklich beschäftigt wird, ist allerdings gar nicht so leicht festzustellen. Eine Kontrolleurin des bayerischen Medizinischen Dienstes sagt, sie prüfe inzwischen alle Einrichtungen eines Trägers gleichzeitig. Nur so könne sie sicherstellen, dass kein Personal extra für die Prüfung hin- und hergeschoben werde.»

Bis in jüngste Zeit gab es kaum einen Bericht über Missstände in Heimen, in dem nicht auch von zu wenig oder zu wenig gut ausgebildeten Mitarbeitern die Rede war. Und diese Kritik ist mehr als berechtigt, zumal auch bei den Pflegesatzverhandlungen* viele Heime mit Zahlen operieren, die mit der Realität wenig bis nichts zu tun haben. Sie bekommen Geld für die Bezahlung von Mitarbeitern, die sie gar nicht beschäftigen. Auf die Details dieser Praxis komme ich später zurück.

Fazit: Staatlich garantierte Gewinne, geringer Konkurrenzdruck, lasche Qualitätskontrollen – wenn die Bedingungen stimmen, lässt sich auch in unterfinanzierten Sozialsystemen viel

---

* Jedes Heim verhandelt separat mit der Pflegekasse und dem Sozialhilfeträger über die Höhe seines Pflegesatzes, der in Euro pro Tag ausgedrückt wird. Wie hoch dieser Betrag sein darf, hängt unter anderem von der Beschaffenheit des Gebäudes und vom Umfang des eingesetzten Personals ab.

Geld verdienen. Und diese Gewinnaussichten haben die Strukturen maßgeblich verändert: Während es vor Einführung der Pflegeversicherung abgesehen von einigen Luxusresidenzen keine privaten Pflegeheime gab[49], waren 2017 42,6 Prozent aller Einrichtungen in Deutschland in der Hand privater Betreiber, Tendenz steigend.[50]

Korian, Europas führender Altenheimbetreiber, erwirtschaftete 2017 einen Gewinn von 440 Millionen Euro. Das entsprach einer Umsatzrendite* von knapp 14 Prozent[51], ein Wert, von dem die Autoindustrie nur träumen kann. Weiter wachsen will das französische Unternehmen vor allem durch Zukäufe. Bisher übernahm es unter anderem die deutschen Heimbetreiber Phönix, Curanum, Casa Reha, Evergreen, Sentivo und Helvetia.

Zwar ist die Branche insgesamt noch weit weniger konzentriert als beispielsweise die Auto- oder die Maschinenbauindustrie, noch gibt es die Freigemeinnützigen, also Caritas, Diakonie, Arbeiterwohlfahrt und Co., die zusammen mehr als 50 Prozent aller Pflegeheime in Deutschland betreiben.

Aber die großen Privaten wachsen zügig weiter auf Kosten der kleineren. Hinter den Aufkäufern stecken in aller Regel Aktionäre, die sich wegen der sicheren Rendite engagieren, darüber hinaus aber keine Verbindung haben zu jenem Versorgungsauftrag, der mit der Pflege alter Menschen verbunden ist.

Die Regierung erschwert Übernahmen – bei Zahnarztpraxen

Wäre die Politik der Meinung, dass sich beides zugleich – optimale Rendite und optimale Versorgung – aus den genannten Gründen nicht erreichen lässt, müsste sie dann nicht Übernahmen durch Finanzinvestoren verhindern?

* EBITDA (Betriebsergebnis vor Zinsen, Steuern und Abschreibungen)

Die Bundesregierung ist dieser Meinung, und sie will Übernahmen auch begrenzen – bei den Zahnärzten.

«Aufgrund der rein renditeorientierten Motivation von Private-Equity-Gesellschaften besteht die begründete Gefahr, dass medizinische Entscheidungen von versorgungsfernen Zielvorgaben stärker beeinflusst werden», zitierte das *Handelsblatt* im März 2019 aus einem Papier der Koalitionsfraktionen, die sich darauf verständigten, dem massenhaften Aufkauf von Zahnarztpraxen und zahnmedizinischen Versorgungszentren durch Investoren Einhalt zu gebieten.[52]

Das zitierte Argument ließe sich eins zu eins auf den Heimsektor übertragen – wenn man denn wollte. Auch pflegerische Entscheidungen werden immer mehr von «versorgungsfernen Zielvorgaben» beeinflusst, genauer gesagt von der Absicht, Versicherungsbeiträge in die Taschen von Aktionären zu lenken.

Ein Eingreifen der Bundesregierung ist hier dennoch nicht in Sicht. Der Grund: Nach Einführung der Pflegeversicherung und der Öffnung für Private hat sich die Politik, ja die ganze Gesellschaft von den privaten Betreibern und ihrem Geld abhängig gemacht. Im folgenden Kapitel werde ich zeigen, wie in der ambulanten Versorgung die Mechanismen der Pflegeversicherung Kriminellen jeder Größenordnung hervorragende Möglichkeiten bieten, um richtig abzusahnen, wie die unterschiedlichen Formen der Abzocke funktionieren und warum sie sich ohne Systemwechsel nicht abstellen lassen.

Ich bin mir darüber im Klaren, dass mir das Folgende massive, vielstimmige Kritik eintragen wird, Reaktionen, die ich auch auf Zeitungsartikel schon bekommen habe. Der Vorwurf lautet regelmäßig, dass ich eine ganze Branche pauschal verurteile, auch gute und notwendige Arbeit schlechtrede. Nichts liegt mir ferner. Ich weiß natürlich, dass die meisten Pflegedienste und ihre Mitarbeiter keinen der beschriebenen Verstöße begehen, sondern Tag für Tag alles geben, um ihre Kunden fair und den Regeln entsprechend zu versorgen.

Ich beschreibe die Betrugsmethoden nicht, um irgendwen an den Pranger zu stellen, sondern um das Versagen des Systems aufzuzeigen und die Wirkungen ihres absurden Regelwerks.

Kapitel 5

Lukrativer als Drogenhandel und Prostitution:
Warum Betrug in der ambulanten Pflege
so einträglich ist

«Wir haben da einfach ein grundsätzliches Problem.»

n der ambulanten Pflege scheinen Betrügereien eher die Regel als die Ausnahme zu sein. Die AOK Hessen stellte bei der Überprüfung von 307 ambulanten Pflegediensten im Land fest, dass etwa jeder zweite falsch abrechnete.»

Diese Passage stammt aus meinem ersten Buch zum Thema Pflege, das 2008 erschien.

Im Februar 2019 zitierte *Stern.de* den Berliner Bezirksbürgermeister Stephan von Dassel mit dem Satz: «Mit Betrug in der Pflege verdient man so gut wie im Drogenhandel, es ist nur weniger gefährlich.»[53]

Dieser Vergleich ist keineswegs übertrieben, und er verdeutlicht, dass in den elf Jahren, die zwischen den beiden Beschreibungen der Zustände in der ambulanten Pflege liegen, niemand den Betrügern das Handwerk gelegt hat, ja dass das Problem im Gegenteil mittlerweile erschreckende Ausmaße annimmt.

Laut Bundeskriminalamt erleichtern bandenmäßig agierende Pflegedienste, Ärzte, Apotheker und Sanitätshäuser unsere Sozialsysteme mittlerweile um Milliarden. Unzählige Frauen aus Osteuropa würden nicht mehr für das Sexgewerbe nach Deutschland geholt, sondern für die Pflegebranche.[54]

Niemand durchblickt das System wirklich

Dass der deutsche Pflegemarkt «generell anfällig» für Betrugs-straftaten ist, wie es das BKA einmal ausdrückte[55], liegt daran, dass seine Strukturen absurd komplex sind. Denn Akteure des Systems sind nicht nur Kranken- und Pflegekassen, sondern auch Rentenversicherer, Sozialämter, Pensionsstellen, Grund-sicherungsämter, Beihilfestellen etc. pp. Und weil es in Deutsch-land diesen unvergleichlichen Föderalismus gibt, verteilen sich die Zuständigkeiten noch dazu auf verschiedene Bundesländer, die Regeln und Tarife höchst unterschiedlich festlegen.

All das führt dazu, dass heute buchstäblich niemand in der Lage ist, dieses System mannigfacher, unlogischer, dabei streng reglementierter Zuteilung, dieses Durcheinander von Verant-wortlichkeiten und Zahlungsströmen vollständig zu durch-blicken: die Pflegekassen nicht, die Sozialämter nicht, und die Staatsanwaltschaften auch nicht. Das ganze System sei «über-haupt nicht kontrollierbar» und ein «Einfallstor für versehent-liche oder absichtliche Falsch- und Doppelabrechnungen», wie Transparency International bereits 2013 anmerkte.[56]

Wie man sich unschwer vorstellen kann, durchblickt das Gros der eigentlichen Hauptdarsteller dieser Tragödie, die Pflegebe-dürftigen, das System noch viel weniger als die Experten. Diese Tatsache machen sich einige Pflegedienste zunutze, indem sie zum Beispiel ambulante Leistungen abrechnen, obwohl der Kunde zur betreffenden Zeit im Krankenhaus lag. Oder man lässt sich für den Monat sechzehn Hausbesuche quittieren, ob-wohl es de facto nur zehn waren. Pflegebedürftige müssen die Leistungen einmal in der Woche – und zum Teil sogar nur ein-mal im Monat – gegenzeichnen. Wie sollen sich da alte, zum Teil verwirrte Menschen merken, wie oft die Pflegerin montags bei ihnen war und wie oft mittwochs?

Manche Betrüger lassen sich die Blankonachweise unterschreiben, in die sie dann später nicht erbrachte Leistungen eintragen. Oder sie beschäftigen einen der Angehörigen per Untervertrag als 450-Euro-Kraft, stellen der Kasse aber das volle Honorar einer Pflegefachkraft in Rechnung und bereichern sich so an der Mithilfe der Familie.

Das Problem ist so virulent und allgegenwärtig, dass Verbraucherzentralen dazu Merkblätter mit Warnhinweisen herausgeben.

Manche Familien verdienen mit

Wobei es auch Familien gibt, die solche Hinweise nicht benötigen, weil sie nicht nur das System verstanden haben, sondern auch an der Abzocke mitverdienen.

Was es dazu braucht, ist ein Pflegedienst, der mit der Kasse eine professionelle ambulante Versorgung abrechnet, obwohl der Pflegebedürftige in Wahrheit von den Angehörigen gepflegt wird. Bei Pflegegrad 3 erhält der Dienstleister monatlich 1298 Euro von der Kasse. Gibt er der Familie davon 800 ab, verdient er 498 Euro mit Nichtstun, und die Familie hat deutlich mehr als jene 545 Euro Pflegegeld, die sie auf legalem Wege bezogen hätte. Bei zwanzig solcher Fälle verdient der Pflegedienst damit fast 10 000 Euro im Monat.

Am besten laufen diese Deals natürlich, wenn der Betreffende gar nicht pflegebedürftig ist oder nur ein kleines bisschen, wenn seine Versorgung also wenig Arbeit macht und die Kasse trotzdem reichlich bezahlt.

Die Schäden gehen in die Milliarden

Möglich wird diese Abzocke mit Hilfe eines gewissen schauspielerischen Talents – und der erwähnten Bandenstrukturen: Beim Besuch des Medizinischen Dienstes, der über den Pflegegrad und damit über die Höhe der Zahlung entscheidet, präsentiert ihm die Familie einen maladen, mäßig gepflegten alten Menschen, der vorher haarklein instruiert, ja zum Teil mit Psychopharmaka ruhiggestellt wurde. Ärzte haben ihm eine ganze Reihe von Krankheiten und Alterserscheinungen attestiert, verschriebene Medikamente liegen auf dem Tisch.

Die Masche funktioniert so gut, weil dabei alle unter einer Decke stecken: Familie, Pflegedienst, Arzt, Apotheke und Sanitätshaus bescheinigen sich gegenseitig Leistungen, die nie oder nur zum Teil erbracht wurden, und rechnen sie ab. Betrogen wird dabei nicht nur die Pflegeversicherung, denn der Arzt hat zusätzlich Krankenkassenleistungen verordnet. Und wenn der angeblich Pflegebedürftige mehr Hilfe braucht, als die Pflegeversicherung bezahlt, und die Rente dafür nicht reicht, dann springt das Sozialamt ein.

Das heißt, der Reibach der Betrüger stammt sowohl aus Beiträgen zur Pflege- und Krankenversicherung als auch aus Steuermitteln.

Entsprechend groß sind die Schäden, deren Höhe sich zwar nicht exakt beziffern, wohl aber aus der angenommenen Schadenshäufigkeit hochrechnen lässt. Der Berliner Bezirksbürgermeister Stephan von Dassel, der sich seit Jahren mit dem Thema beschäftigt, sagte 2017 dem Deutschlandfunk, wenn man nur annehme, dass jede zehnte Abrechnung betrügerisch sei, dann komme man schnell auf einen Gesamtschaden zwischen zwei und zehn Milliarden Euro jährlich.[57]

Solche Zahlen erscheinen vor allem dann realistisch, wenn

man den mit Abstand lukrativsten Zweig dieser Geschäfte miteinbezieht: die außerklinische Versorgung von Intensivpatienten. In Deutschland bekommen ungefähr 19 000 Menschen, die Schwerstpflegefälle sind und im Wachkoma liegen oder künstlich beatmet werden, eine Rund-um-die-Uhr-Betreuung in den eigenen vier Wänden. Die Pflege dieser Patienten ist enorm aufwendig, weil dabei sündteure medizinische Geräte zum Einsatz kommen, weil der Personalaufwand hoch ist und weil diesen Job nur dafür ausgebildete Fachkräfte machen dürfen.

Die Kassen bezahlen für jeden dieser Fälle pro Monat etwa 20 000 Euro, eine Summe, die Pflegedienste anlockt wie Licht die Motten.

Je mehr Geld fließt, desto mehr lässt sich abzweigen

Mehr als 1400 Unternehmen bieten in Deutschland mittlerweile solche Leistungen an, und ihre Zahl wächst deutlich schneller als die konventioneller Pflegedienste.[58]

Außerdem tummeln sich in diesem Segment ähnlich wie bei den Heimen immer mehr internationale Investoren – ein sicheres Zeichen, dass die Renditen (zu) hoch und die wirtschaftlichen Risiken niedrig sind.

Wofür sich Investoren besonders interessieren, sind Intensivpflege-WGs, Wohnungen, in denen meist vier bis acht Patienten gemeinsam versorgt werden. Der Vorteil dieser Einrichtungen liegt darin, dass pro Bewohner nicht nur weniger Fläche, sondern auch weniger Personal benötigt wird. Aktuell gibt es fast 1000 solcher Wohngemeinschaften in Deutschland, Tendenz auch hier stark steigend.[59]

Dass die Intensivpflege und besonders entsprechende Wohngemeinschaften nicht nur für Investoren, sondern auch für Betrüger der einträglichste Zweig der ambulanten Versorgung sind, hat einen profanen Grund: Je mehr Geld fließt, desto mehr lässt sich abzweigen.

Findet die Intensivpflege in der eigenen Wohnung statt, kann es vorkommen, dass die Betreuer lediglich zwei- bis dreimal am Tag vorbeischauen, anstatt rund um die Uhr präsent zu sein. Das ist für den Patienten zwar gefährlich, und es hat auch schon Anklagen wegen fahrlässiger Körperverletzung gegeben, aber sogenannte Cash-Back-Zahlungen an die Familien sorgen dafür, dass niemand allzu laut protestiert oder die Sache gar an die große Glocke hängt.

In Pflege-WGs besteht der Betrug vor allem darin, zu wenig oder völlig unterqualifiziertes Personal einzusetzen – gefälschte Ausbildungszeugnisse machen's möglich.

Pro Bewohner sind 10 000 Euro Überschuss drin

Eine fiktive Beispielrechnung verdeutlicht die Dimensionen: Ein Intensivpflegedienst, der eine WG betreibt, hinterzieht pro Bewohner und Monat 10 000 Euro, das heißt sein personeller und organisatorischer Aufwand ist nur halb so hoch wie das, was die Kasse ihm vergütet. Dieser Betrag ist keineswegs unrealistisch hoch angesetzt, es gibt Experten, die von höheren Margen ausgehen. Bei sechs Patienten in der WG summiert sich der Betrug auf 60 000 Euro pro Monat oder 720 000 im Jahr, und das in einer einzigen Intensivpflege-WG.

Auch diese Art von Kriminalität verdanken wir den Fehlanreizen des Systems. Egal, ob ehrlich oder unehrlich, alle beteiligten Pflegedienste verdienen dann am besten, wenn ihre Patienten möglichst dauerhaft beatmungspflichtig und damit von ihnen abhängig bleiben.

Dabei könnte nach Ansicht von Fachleuten zumindest ein Teil dieser Patienten durchaus lernen, wieder selbständig zu atmen.

Der Verband der Betriebskrankenkassen meinte in einem Statement vom Juli 2019 sogar, dass man durch eine Entwöhnung dauerhaft künstlich beatmeter Patienten von den Maschinen zusätzlich 9500 Altenpfleger für die ambulante oder stationäre Versorgung gewinnen könnte.

Die Täter sind schwer zu überführen

Dass von Zeit zu Zeit Fälle von Pflegebetrug aufgedeckt werden, ändert nichts an der Tatsache, dass die Täter schwer zu überführen sind. Denn der Betrug findet zum Großteil in privaten Räumen statt, und die sind in Deutschland sehr gut vor staatlicher Kontrolle geschützt. «Deswegen haben wir da einfach ein grundsätzliches Problem», wie Karl-Josef Laumann, der damalige Pflegebeauftragte der Bundesregierung, 2016 feststellte, als mal wieder ein großer Betrugsfall aufgeflogen war.[60]

Auch hinterzogenes Geld zurückzuholen ist nicht einfach. Manch überführter Betrüger meldet für seinen Pflegedienst Insolvenz an und entzieht sich so dem Zugriff der Kassenermittler – um wenig später eine neue Pflegefirma in einem anderen Bundesland zu eröffnen. Dass er dort oft ohne Probleme eine Zulassung erhält, liegt daran, dass sich die Krankenkassen nur selten untereinander über kriminelle Pflegedienste und andere Betrüger austauschen, eine bundesweite Betrugsdatenbank gibt es nicht.[61]

Verluste der Pflegekassen sind den Krankenkassen egal

Ein Grund für die weitgehende Tatenlosigkeit der Krankenkassen dürfte das schizophrene Verhältnis zwischen Krankenversicherung und Pflegeversicherung sein. Letztere wird zwar gerne als vierte Säule unseres Sozialversicherungssystems bezeichnet –

neben Renten-, Kranken- und Arbeitslosenversicherung. Doch fehlt dieser Säule das Fundament: Die Pflegeversicherung verfügt nicht über Strukturen, mit denen sie prüfen, zertifizieren und Geld eintreiben könnte. All das soll – so die Theorie – die Krankenversicherung für sie miterledigen. Diese Konstruktion hatte man gewählt, um für die Pflegeversicherung keine zusätzlichen Verwaltungsstrukturen schaffen zu müssen.

Absurd und schädlich ist das deshalb, weil die Pflegekasse damit von einer Organisation abhängig ist, die sich für ihre Interessen konstruktionsbedingt wenig interessiert. Macht die Pflegekasse Verluste – zum Beispiel weil die Versorgung im Heim immer teurer wird –, kann das der Krankenkasse egal sein, weil es keinen Einfluss auf den eigenen Beitragssatz hat.

Um den möglichst niedrig zu halten, sparen die Krankenkassen sogar auf Kosten der Pflegekassen, zum Beispiel indem sie Pflegebedürftigen keine Reha bezahlen. Muss der Betreffende dann ins Heim umziehen, geht das ausschließlich zu Lasten der Pflegekassen.

Die Kontrollen sind Teil des Problems

Wann immer über Betrug in der ambulanten Pflege berichtet wird, erheben Politiker, Kassen und Verbände die Forderung nach mehr, effektiveren oder anderen Kontrollen. Die AOK Hessen hatte vor einigen Jahren – als Konsequenz aus einem Betrugsfall – öffentliche Prüfberichte einer neutralen Stelle vorgeschlagen, beispielsweise durch die Stiftung Warentest.

Und tatsächlich wird heute deutlich mehr kontrolliert als etwa vor zehn Jahren. Dass die Abzocke dennoch nicht weniger geworden ist, sondern mehr, beweist, dass es damit nicht getan ist, solange wir das System, das dem Betrug Vorschub leistet, unangetastet lassen. Eine Maschine, die von Grund auf fehlkonstruiert ist, wird nicht dadurch zum Wunderwerk, dass man ihre Funktionen öfter und intensiver checkt.

Was es in Deutschland nicht gibt, ist eine funktionierende Selbstkontrolle, was daran liegt, dass die Beziehung zwischen den Akteuren ein Dreieck bildet:

Akteur A – die Pflegekasse – bezahlt Akteur B – den Pflegedienst – für eine Hilfsleistung, die Akteur C – der Pflegebedürftige – bekommt. So ziemlich überall dort, wo es eine solche Konstruktion gibt, wird betrogen. Erhält der Pflegebedürftige dagegen Geld statt einer zugeteilten Hilfe beim Waschen oder Essen, kann er mit diesem Geld genau die Hilfen einkaufen, die er braucht – ohne Rücksicht auf Leistungskatalog und Verrichtungsbezug. Und dann wird er auch selbst darauf achten, nicht über den Tisch gezogen zu werden, sodass jeder Dienstleister, der Geld verdienen will, schlicht gute Arbeit leisten muss.

Kritiker werden an dieser Stelle einwenden, dass es diese Möglichkeit ja gibt, dass Familien mit dem Pflegegeld ja Cash bekommen können als Ergänzung oder als Alternative zur Sachleistung.

Leider nur macht gerade dieses Instrument deutlich, wie schlecht das System funktioniert. Denn es verleitet Familien und Pflegedienste dazu, mit der Kasse eine Versorgung durch Profis abzurechnen, den Pflegebedürftigen aber durch die eigene Familie pflegen zu lassen.

Die große Differenz zwischen Sachleistung – also dem, was die Profis bekommen – und dem Pflegegeld sorgt dafür, dass sich solche «Geschäfte» auch dann für alle Beteiligten rechnen, wenn man die Erträge durch zwei teilt. Bei Pflegegrad 3 beträgt dieser Unterschied 753 Euro pro Monat, eine Differenz, die seit dem Inkrafttreten des Pflege-Weiterentwicklungsgesetzes 2008 kontinuierlich gewachsen ist. Bis 2007 betrug der Unterschied (in der Pflegestufe II) lediglich 511 Euro.

Auch hier gilt: Die Entwicklung hin zu mehr Geld für die Profis spielt Abzockern massiv in die Hände. Würde man die beschriebene Differenz deutlich verringern, wäre zumindest dieser Form von Betrug von einem Tag auf den anderen die Grundlage entzogen.

Das Pflegebudget hätte vieles geändert

Hinzu kommt, dass die überproportionale Entlohnung des Pflegedienstes einer wirklich konstruktiven, für alle fruchtbaren Verteilung von Aufgaben eher im Wege steht. Sie sorgt dafür, dass sich Art, Umfang und Timing der Leistungen mehr daran orientieren, was dem Pflegedienst ökonomisch nützt, und weniger daran, was der Kunde braucht und sich wünscht.

Mit dem Pflegebudget wollte man hier Abhilfe schaffen. Von 2004 bis 2008 wurde es in sieben deutschen Städten und Landkreisen im Rahmen eines Modellversuchs getestet. Pflegebedürftige und behinderte Menschen konnten sich das Geld der Kassen auszahlen lassen und selbst entscheiden, welche Leistungen sie damit bei wem einkaufen wollten.

Das durften nicht nur die üblichen Verrichtungen wie Waschen oder Anziehen sein, sondern zum Beispiel auch ein Spaziergang oder eine Massage. Noch wichtiger war allerdings, dass sich mit Hilfe des Budgets Pflege maßgeschneidert planen und steuern ließ, weil es auch bei der Auswahl der Helfer einen größeren Spielraum gewährte. Für mein erstes Buch zu diesem Thema hatte ich 2008 über einen solchen Fall in Erfurt berichtet. Heinrich Taschner*, damals 59 Jahre alt und an Multipler Sklerose erkrankt, benötigte sehr individuelle Unterstützung, die sich mit Verrichtungsbezug und getakteter Minutenpflege durch

* Name zum Schutz der Persönlichkeit geändert

einen ambulanten Dienst nur schlecht organisieren lässt. Taschner hatte seit Jahren deprimierende Erfahrungen gemacht, bevor er 2007 im Rahmen des Modellprojekts ein Pflegebudget bekam.

Mit dem Geld, das am Anfang jeden Monats auf sein Konto überwiesen wurde, engagierte er die Mitarbeiterin einer Assistenz-Agentur und einen Theologiestudenten, außerdem unterstützte ihn seine Partnerin.

Entscheidend sei, dass endlich seine Wünsche und Bedürfnisse im Mittelpunkt stehen, so Taschner damals, und dass «es keine engen Vorschriften dafür gibt, was die Leute hier machen». Wobei natürlich Regeln für die Verwendung der Budgets existierten. Eine Case Managerin kontrollierte regelmäßig, ob diese Regeln eingehalten wurden.

Obwohl das Modellprojekt zu Beginn von allen Parteien im Bundestag unterstützt wurde, und obwohl viele Teilnehmer ähnlich positive Erfahrungen machten wie Heinrich Taschner, existierte das Pflegebudget nur bis 2008.* Seine flächendeckende, dauerhafte Einführung scheiterte am massiven Widerstand der Heim- und Pflegedienstlobby. Wie genau dieser Kampf ablief und wie die überaus erfolgreiche Lobbyarbeit der Pflegebranche insgesamt funktioniert, darum geht es in Kapitel 7.

Die Geschichte des Pflegebudgets lieferte den Beweis, dass sich die Pflegeversicherung nicht – wie damals von einigen erhofft – von innen heraus revolutionieren lässt. Trotzdem setzen im politischen Berlin des Jahres 2020 viele wieder auf genau diese Idee. Warum das so ist, und warum der Ansatz erneut scheitern wird, darauf gehe ich im Schlusskapitel ein.

---

* Weiterhin nutzbar ist das Persönliche Budget – unter bestimmten Voraussetzungen – für Menschen mit Behinderung.

Fazit: Das System diskriminiert die Ehrlichen, indem es mit seiner Komplexität und mit falschen Anreizen Betrügern Tür und Tor öffnet, indem es Hunderttausende von Familien, die noch nie jemanden betrogen haben, dazu verleitet, mit Betrügern zusammenzuarbeiten oder sie zu illegaler Beschäftigung einer 24-Stunden-Betreuungskraft für ihre Eltern oder Großeltern nötigt. Um dieses Phänomen geht es im folgenden Kapitel.

Kapitel 6

24-Stunden-Pflege durch Ost- und Südosteuropäerinnen: Neue Familienmitglieder oder «Sklavinnen, die uns pflegen»?

«Wenn sie nachts manchmal ruft,
ist immer jemand da.»

D as wuchtige Pflegebett steht an der hinteren Wand des Wohnzimmers, daneben ein Stuhl. Es riecht nach Franzbranntwein und Penatencreme. Von der stählernen Stange am Kopfende des Bettes baumelt ein großes Dreieck aus Kunststoff. Ursprünglich diente der Griff Mathilde Böttcher dazu, sich aufzusetzen oder zumindest ein Stückchen hochzuziehen. Damit sie sich drehen kann und nicht immer auf derselben Stelle liegt. Doch alleine schafft die Dreiundachtzigjährige das nicht mehr.[*]

Eine etwa vierzigjährige Frau kommt aus der Küche. Sie hat eine kleine Schnabeltasse in der Hand, setzt sich neben das Bett und drückt auf den kleinen Schalter an der Unterseite des stählernen Gestells. Mit leisem Surren hebt sich das Kopfende, und damit es mit dem Trinken noch etwas besser klappt, schiebt die Helferin die linke Hand ganz vorsichtig unter den Kopf der

---

[*] Die geschilderten Ereignisse basieren nicht auf den Erfahrungen genau einer Familie, sondern sie geben typisiert mehrere Fälle wieder, über die mir berichtet worden ist.

Pflegebedürftigen, mit der Rechten führt sie ihr die Tasse an die Lippen. Mathilde Böttcher trinkt ein paar Schlucke, bedeutet dann mit den Augen, dass sie genug hat. Als die Helferin ihren Kopf wieder langsam ins Kissen sinken lässt, huscht ein Lächeln über das Gesicht der alten Dame.

Die Enkelinnen erkennt sie noch

Ein Fremder, der die Szene beobachtet, könnte den Eindruck gewinnen, es handele sich hier um eine Vorzeigefamilie. Eine von denen, die wir uns nach der Vorstellung so mancher Politiker zum Vorbild nehmen sollten. Weil es diese Familie schafft, die Mutter zu Hause zu pflegen, anstatt sie ins Heim zu geben. Doch was hier passiert, ist illegal.

Mathilde Böttcher ist hilfsbedürftig und bettlägerig, aber nicht ohne Lebensgeister. Morgens, wenn sie vergleichsweise gut beieinander ist, kann sie sogar noch ein wenig teilnehmen, dann sagt sie etwa: «Na, hast du heute gut geschlafen?» Fast so, als wäre nicht sie die Pflegebedürftige, sondern ihre Helferin.

Am Wochenende kommt manchmal eine ihrer Enkelinnen zu Besuch, hält ihre Hand und erzählt von der Uni oder dem neuen Freund.

Sie wollte unbedingt zurück in die eigene Wohnung

Mathilde Böttcher hatte Glück im Unglück. Eigentlich schien ihr Leben schon fast zu Ende, damals, vor fünf Jahren. Viel zu spät hatten Ärzte einen Darmtumor bei ihr entdeckt.

Die Operation verlief gut, aber danach war sie extrem geschwächt und abgemagert, einigermaßen desorientiert, außerdem hatte sie einen künstlichen Darmausgang. Mathilde Böttcher war innerhalb kürzester Zeit zum Pflegefall geworden.

Trotzdem wollte sie zurück in die eigene Wohnung. Nur: Wer sollte sich da um sie kümmern? Ihre Tochter Heike, berufstätig und nach ihrer Scheidung alleinstehend, wohnte zwanzig Kilometer entfernt. Die wandte sich an einen ambulanten Pflegedienst, schließlich waren die ja für solche Fälle zuständig. Sie würden jemanden schicken, der sich tagsüber, wenn sie arbeitete, um die Mutter kümmern könnte, dachte sie. Doch die Bedingungen, die ihr die örtliche Caritas nannte, waren ernüchternd: Vom Geld der Pflegekasse könnten die Helferinnen zweimal am Tag für eine halbe Stunde Hilfe leisten. Maximal.

Die Mutter war ihr nicht böse. Aber sie weinte

Heike Böttcher stellte eine Menge Fragen, auf die ihr niemand eine befriedigende Antwort gab: Wenn die Pflegerin morgens um neun wieder weg ist und meine Mutter hat um zehn Probleme mit dem künstlichen Ausgang, was dann? Wer wird für sie kochen?

Sie sprach mit ihrem Arbeitgeber über die Reduzierung ihrer Arbeitszeit. Der lehnte das nicht rundheraus ab, aber inklusive Fahrzeit wäre sie auch dann mindestens sechs Stunden außer Haus gewesen. Viel zu lange.

Sosehr sie sich quälte und alle Optionen wieder und wieder durchrechnete und prüfte: Sie hatte keine Wahl, die Mutter musste ins Heim. Denn was die Caritas vom Geld der Pflegekasse bieten konnte, war zu wenig, um ihre bettlägerige Mutter zu versorgen. Ihren Job aufzugeben, konnte sich Heike Böttcher nicht leisten, und eine Ganztagsbetreuung zu bezahlen, erst recht nicht.

Jenen Tag, an dem sie das ihrer Mutter klarmachen musste, bezeichnete die Tochter später als «den wahrscheinlich schlimmsten in meinem Leben». Mathilde Böttcher war ihr nicht böse, das sagte sie jedenfalls, und dass sie Verständnis habe. Aber sie weinte.

Die unbekannte Umgebung überforderte sie

Mit damals 78 Jahren kam Mathilde Böttcher also in ein Heim ganz in der Nähe. Das Haus hatte einen guten Ruf, und ihre Tochter Heike hatte die Hoffnung, dass es ihrer Mutter dort vielleicht besser gefallen würde als befürchtet. Doch es wurde nichts besser, im Gegenteil. Mathilde hatte schon im Krankenhaus mental abgebaut. Jetzt, in der unbekannten Umgebung des Heims mit lauter fremden Gesichtern, war sie völlig überfordert. Sie trank nicht mehr regelmäßig und aß zu wenig, nahm weiter ab. Der Arzt, der sie nach vier Wochen Heimaufenthalt besuchte, hatte den deutlichen Eindruck, dass sie «nicht mehr will».

Mathilde Böttchers Tochter kämpfte mehr denn je mit Selbstvorwürfen. Wenigstens sterben sollte Mathilde zu Hause, das war sie ihr schuldig. Das kleine Einfamilienhaus der Mutter war ja noch da. Es auszuräumen, um es irgendwann verkaufen zu können, dazu hatte Heike Böttcher noch nicht die Kraft gehabt.

Sie nahm sich Urlaub und holte die Mutter aus dem Heim. Bei der Nachbarin arbeitete eine slowakische Haushaltshilfe, die wollte zwischendurch einspringen. Alles andere würde sich finden.

Im Angebot: Garantiert legale Lösungen

Das Arrangement funktionierte ein paar Tage lang höchstens leidlich, dann bekam Heike Böttcher einen Anruf jenes Vermittlers, der der Nachbarin die Haushaltshilfe besorgt hatte. Er habe gehört, dass sie ihre Mutter zu Hause versorgen müsse, und könne da eventuell helfen. Etwas verkürzt lief es auf zwei Optionen hinaus: Wenn ihr «die Details» und gute Deutschkenntnisse nicht so wichtig seien, könne er ihr eine Rund-um-die-Uhr-Betreuung aus Osteuropa anbieten für um die 1000 Euro monatlich – bar auf die Hand, versteht sich –, plus einer einmaligen Gebühr von noch einmal 1000 Euro. Kost und Logis für die Frau müsse natürlich die Familie übernehmen. Heike Böttcher sagte erst mal nichts dazu. Seriös klang das Angebot nicht. Der Vermittler registrierte ihr Zögern, meinte dann, es gebe natürlich auch die «garantiert legale» Lösung, eine, bei der die Betreuerin in ihrer Heimat sozialversichert sei und das auch belegen könne. Kostenpunkt: um die 1800 Euro monatlich – plus Unterkunft und Verpflegung.

Die Mutter erholte sich zusehends

Für Heike Böttcher war das viel, aber nicht unbezahlbar. Schließlich gab es das Pflegegeld, dazu die kleine Rente ihrer Mutter und ihr eigenes Einkommen. Zwei Wochen später zog Radka – ihren Nachnamen erfuhren sie nicht – bei Mathilde Böttcher ein. Die 45-Jährige stammte ebenfalls aus der Slowakei. Sie sprach einigermaßen Deutsch und kümmerte sich fortan aufopferungsvoll um die Mutter, die sich durch die Pflege zusehends erholte. Der künstliche Darmausgang bereitete ihr zwar immer noch Probleme, aber sie stand jetzt zumindest gelegentlich auf, aß wieder mehr und nahm zu. Außerdem heilte ihre vom Liegen geschundene Haut allmählich, weil sie gut versorgt wurde und mehr trank.

Irgendwann war allen in der Familie klar, dass es nicht mehr darum ging, einer Sterbenden noch ein paar erträgliche Wochen zu schenken. Mathilde Böttcher hatte sich entschieden, weiterzuleben, für wie lange auch immer.

Radka fuhr zwischendurch immer mal wieder für ein paar Wochen in ihre Heimat, dann sprang die Haushaltshilfe der Nachbarin ein – und umgekehrt.

Den Gedanken, dass auch diese «garantiert legale» Lösung ihres Problems bei genauer Betrachtung so legal nicht war, verdrängte Heike Böttcher lange und erfolgreich. Was blieb ihr anderes übrig?

Mathilde Böttcher wurde insgesamt noch vier Jahre zu Hause versorgt. Nach Radka kam Lenka, ansonsten blieb alles, wie es war.

Anfeindungen gab es nicht

Die Böttchers konnten sich eine Pflegekraft aus dem Ausland leisten – Mathilde Böttcher ging es gut mit der Pflege, und auch für die Tochter war die Rund-um-die-Uhr-Pflege eine gute Lösung. Sie konnte weiterhin arbeiten und wusste ihre Mutter gut versorgt. «Wenn sie nachts manchmal ruft, ist eben immer jemand da.»

Radka und ihre Nachfolgerin bewohnten ein eigenes Zimmer, waren Teil der Familie. Im näheren Umfeld fragte sich niemand, ob die Unterstützung der Frauen legal war oder nicht – oder jedenfalls nicht laut.

Anfeindungen gab es keine, im Gegenteil, die Familie erfuhr viel Unterstützung. Der Arzt gab Radka seine Mobilnummer, um kurzfristig helfen zu können, wenn dies notwendig sein sollte.

Auch die Sozialkassen profitieren

Auf den ersten Blick profitieren von der Beschäftigung einer 24-Stunden-Pflegerin aus Osteuropa ausnahmslos alle: die Pflegebedürftige, weil sie im Idealfall daheim gut versorgt ist, die Familie, weil ihre Sorge kleiner und das schlechte Gewissen beruhigt ist, die Betreuerin, weil sie Beträge verdient, die in ihrer Heimat unerreichbar wären.

Und schließlich – ganz wichtig – profitieren auch Sozialkassen und Steuersäckel, wenn Mathilde Böttcher zu Hause versorgt wird. Zieht sie ins Heim, muss die Pflegeversicherung deutlich mehr bezahlen als das Pflegegeld, und dann muss auch das Sozialamt zuschießen.

Bereits in meinem ersten Buch über Pflege, zwölf Jahre liegt das nun zurück, habe ich über dieses Thema berichtet. Seitdem hat sich an den Verhältnissen wenig geändert, nichts vor allem an der «erwünschten Illegalität» – so hatte ich damals das entsprechende Kapitel überschrieben.

«Rund-um-die-Uhr-Pflege» liefert 34 000 Treffer

Wer bei Google unter dem Stichwort «Rund-um-die-Uhr-Pflege» nach entsprechenden Angeboten sucht, erhält 34 000 Ergebnisse. Unter zahllosen Webadressen wie care-pure.de, gutewesen.de, pflege-institut.com, seniorenpartner24.de, prosenior-betreuung.de, aurea-pflegevermittlung.de* bieten Vermittler die Dienste ausländischer Pflegekräfte an.

Jahrelang handelte es sich dabei fast ausschließlich um Frauen aus osteuropäischen Ländern wie Polen, Litauen und der Slowakei. Mittlerweile werden auch Menschen aus Asien und anderen Teilen der Welt in Pflegejobs vermittelt.

Viele Anbieter bewerben ihr Leistungen mit allgemeinen, zum Teil schwerverständlichen Erläuterungen zur Legalität oder Illegalität ihrer Angebote. Häufiger Tenor dabei, sinngemäß: «Seien Sie vorsichtig! Auf diesem Markt treiben sich viele win-

---

* Es handelt sich hierbei um eine zufällige Auswahl.

dige, unseriöse Geschäftemacher herum. Kommen Sie lieber zu uns, bei uns ist alles zu 100 Prozent legal.»

Wie viele solcher Arrangements wie bei den Böttchers es in Deutschland gibt, weiß niemand genau, Schätzungen gehen von bis zu 300 000 Fällen aus.

Der mentale und körperliche Druck ist enorm

Berichtet wird dabei fast nur über die funktionierenden, fairen Konstellationen. Über Pflegerinnen, die gut behandelt werden, die vielleicht Heimweh haben, sich aber zugleich freuen, dass sie mit dem verdienten Geld dem Sohn in der Heimat das Studium ermöglichen können.

Aber es gibt natürlich auch die anderen Fälle. Dass diese im Verborgenen bleiben, liegt in der Natur der Sache.

Kommen dennoch traurige Einzelheiten an die Öffentlichkeit, ist der Schrecken groß, obwohl die Verhältnisse seit Jahrzehnten bekannt sind. «Sklavinnen, die uns pflegen», so überschrieb die *Zeit* 2016 einen Artikel, in dem von Beleidigungen, sexuellen Übergriffen, Schlägen, einem Leben im Keller ohne Fenster oder zu wenig zu essen die Rede war.

Und auch wo Frauen anständig behandelt werden, ist der mentale und körperliche Druck, dem sie ausgesetzt sind, nicht zu unterschätzen. Freizeit gibt es kaum bis gar nicht, als Rundum-die-Uhr-Kräfte sind sie ständig in Bereitschaft. Für die Frauen ist es enorm schwierig, sich gegen diese Arbeitsbedingungen zu wehren. Weil sie faktisch rechtlos sind, und weil die unvermeidliche Nähe zur Familie sie moralisch und emotional korrumpiert.

In gewisser Weise handelt es sich bei dem ganzen Phänomen um eine spezielle Art von Imperialismus: Wir, die wohlhabenden Deutschen, machen uns die immensen Wohlstands-

und Einkommensunterschiede auf der Welt zunutze. Und das werden wir – wenn sich nichts Grundsätzliches ändert – auch weiterhin tun können. Sollten es Frauen aus Polen oder der Slowakei nicht mehr nötig haben, unsere Eltern und Großeltern zu pflegen, dann tun dies eben Frauen aus Sri Lanka, wie es in Italien schon häufig der Fall ist.

Viele Familien, die ihren Angehörigen oder ihre Angehörige partout nicht in ein Heim verlegen wollen, sehen sich heute dennoch zu dieser Lösung gezwungen. Dadurch, dass das System ihnen keine bezahlbare, flexible, ausreichende Versorgung in den eigenen vier Wänden zu bieten hat, fördert es illegale Arbeitsbedingungen und Ausbeutung.

Die Politik drückt beide Augen zu

Pflegekasse, Steuersäckel und Familien können bei genauem Hinsehen nur deshalb in so hohem Maße von diesem Phänomen profitieren, weil Politik und Justiz beide Augen zudrücken, auf Kontrollen weitgehend verzichten und Beschäftigungsverhältnisse hinnehmen, die das deutsche Arbeitsrecht sowie die Bestimmungen zum Mindestlohn ignorieren – und nur dadurch bezahlbar werden.

Im folgenden Interview erläutert die Arbeitsrechtlerin Christiane Brors die rechtliche Situation in der 24-Stunden-Betreuung. Und im Kapitel 7 beschäftige ich mich mit der Lobbyarbeit der Pflegebranche.

«Die Bedingungen erinnern zum Teil an frühkapitalistische Ausbeutung.»

Ein Gespräch mit Christiane Brors

Die Professorin für Arbeitsrecht von der Carl von Ossietzky Universität Oldenburg und ehemalige Richterin beschäftigt sich im Rahmen ihres Forschungsschwerpunktes Europäisches Arbeitsrecht seit vielen Jahren mit der Pflegebranche. Mit ihr habe ich über die Rechtslage in der 24-Stunde-Pflege gesprochen – und über (un-)mögliche Auswege aus dem Dilemma.

Frau Prof. Brors, nach Schätzungen betreuen etwa 200 000 bis 300 000 Frauen aus Ost- und Südosteuropa deutsche Pflegebedürftige rund um die Uhr in deren Wohnung. Sind diese Beschäftigungsverhältnisse legal?
Die allermeisten dieser Frauen arbeiten auf der Grundlage der sogenannten A1-Bescheinigung, die bestätigt, dass sie in ihrer Heimat sozialversichert sind. Offiziell ist ihr Status dann entweder der einer Selbständigen oder der einer in ihrer Heimat Festangestellten, die zum Arbeiten nach Deutschland «entsendet» wird.

Solange eine rechtmäßige A1-Bescheinigung vorliegt, steht der Status der Frauen fest. Handelt es sich aber um eine gefälschte oder unvollständige Bescheinigung, ist die Beschäftigung als Selbständige nicht legal, da die Frauen bei der Familie angestellt sind. Sie sind vollständig in den Haushalt integriert, ihre Arbeit wird durch arbeitsrechtliche Weisungen der Angehörigen bestimmt. Der Job ist also vergleichbar mit dem einer Krankenschwester im Krankenhaus, die auch vollständig

weisungsgebunden ist und damit rechtlich eindeutig Arbeit-
nehmerin. Ob es sich um eine rechtmäßige A1-Bescheinigung
handelt, ist für den juristischen Laien oft nicht nachvollzieh-
bar.

**Gibt es auch die Möglichkeiten einer legalen, bezahlbaren
Rund-um-die-Uhr-Pflege?**
Diese Möglichkeit gibt es derzeit nicht. Laut Europäischem Gerichtshof ist Bereitschaftsdienst Arbeitszeit, muss also grundsätzlich wie normale Arbeitszeit vergütet werden. Das heißt,
die Familien müssten ihre Pflegekräfte 24 Stunden pro Tag
bezahlen. Und das gilt auch, wenn sie diese direkt anstellen.
Ich denke, das könnten sich die wenigsten leisten.

**Und wenn eine Familie die Pflegekraft direkt anstellt UND be-
reit ist, den Mindestlohn für 24 Stunden pro Tag zu bezahlen?**
Auch das kann nicht legal sein, weil Rund-um-die-Uhr-Betreuung durch eine Person mit den in Deutschland vorgeschriebenen Ruhe- und Höchstarbeitszeiten schlicht nicht vereinbar ist.
Pflegetätigkeit ist klar abgrenzbare Arbeitszeit, sodass mögliche Ausnahmen nach dem Arbeitszeitgesetz nicht greifen.

**Von diesen Arbeitsverhältnissen profitieren auf den ersten
Blick alle. Warum sind sie aus Ihrer Sicht – auch jenseits juristi-
scher Grundsätze – dennoch problematisch?**
Vor allem weil die Arbeitsbedingungen oft extrem schlecht
sind, sie erinnern zum Teil an frühkapitalistische Ausbeutung.

Wie könnte man aus Ihrer Sicht die Verhältnisse ändern?
Innerhalb des derzeitigen Systems ist das schwierig. Sich wehren, dagegen klagen, könnten ja nur die Pflegekräfte selbst,
aber dann würden sie ihren Job verlieren. Bei den Gewerk-

schaften steht das Thema auch nicht oben auf der Agenda, weil die Frauen nicht gewerkschaftlich organisiert sind.

Und die Politik hält still, weil sie weiß, dass sie den Familien für die Versorgung ihrer Eltern oder Großeltern – abgesehen vom Heim – keine Alternative zu bieten hat.

Um die Verhältnisse zu ändern, bräuchten wir ein ganz anderes Pflegesystem.

Kapitel 7

Die Politik fest im Griff: Wie Lobbyarbeit für die Pflegeindustrie funktioniert und warum sie so erfolgreich ist

«Endlich regiert wieder die Vernunft.»

D ass die Verhältnisse in Deutschlands Altenpflege so sind wie beschrieben, und dass sie sich vor allem nicht ändern, verdanken wir auch knallhartem Lobbyismus. Wichtiger Akteur dabei ist der bpa, der Bundesverband privater Anbieter sozialer Dienste e. V. Der Verband vertritt die Interessen von 60 Prozent aller privaten Pflegedienste und 87 Prozent aller privaten Heime in Deutschland.* Die wiederum versorgen etwa 255 000 Menschen zu Hause und 330 000 stationär.[62]

In der ambulanten Betreuung kämpft die Organisation dafür, dass so viele Hilfen wie möglich als Sachleistung von Profi-Pflegediensten erbracht werden müssen, dass Familien sie also nicht selbstbestimmt individuell einkaufen können – zum Beispiel mit einem Pflegebudget.

Noch stärker als das Wohl der Pflegedienste scheint dem Verband das Wohl der Heime am Herzen zu liegen. Was auch damit zusammenhängen könnte, dass der bpa – dessen Präsident Bernd Meurer selbst drei stationäre Einrichtungen betreibt –

---

* In absoluten Zahlen sind es 5600 Pflegedienste und 5400 Heime (Werte für 2017).

den größeren Teil seiner üppigen Finanzmittel den Mitgliedsbeiträgen der stationären Einrichtungen verdankt und dass ihm zusätzliche Heime als Mitglieder mehr Geld einbringen als zusätzliche Pflegedienste.

So bemüht sich der bpa, dessen Kürzel früher für Bundesverband privater Altenheime stand, seit Jahren nach Kräften darum, dass der gesetzlich festgeschriebene Grundsatz «ambulant vor stationär» die Heimunterbringung nicht benachteiligt.

In den Pressemitteilungen klingt das dann so: «Ganz entschieden wehren wir uns dagegen, einen Leistungsbereich gegen den anderen auszuspielen.»[63] Oder: «Eine Stärkung der häuslichen Versorgung ist [...] keine überzeugende Begründung für drastische Leistungskürzungen in der stationären Versorgung.»[64]

Die Branche hat die Politik gefügig gemacht

Der bpa folgt dem Glaubenssatz, dass «Pflegeeinrichtungen nach betriebswirtschaftlichen Kriterien und Maßstäben geführt werden sollen» und dass das «unternehmerische Risiko» honoriert werden muss.[65]

Deshalb reagierte der Verband wohl auch «erfreut», als die Bundesregierung zurückruderte, nachdem Gesundheitsminister Spahn in seinem Interview mit dem *Handelsblatt* gesagt hatte, er halte zweistellige Renditeerwartungen privater Heimbetreiber in einem personalintensiven Bereich wie der Pflege für nicht angemessen.

«Endlich regiert wieder die Vernunft», so überschrieb der bpa eine Pressemitteilung, in der Verbandspräsident Meurer die Regierung für ihr «klares Bekenntnis zu unternehmerischer Freiheit und fairem Wettbewerb in der Pflege» lobte.[66] Dieses Bekenntnis sei «hoffentlich dazu geeignet, der von Gesundheitsminister Jens Spahn angezettelten Debatte über die Höhe von Gewinnmargen in der privaten Pflege endlich ein Ende zu bereiten», ließ sich Bernd Meurer weiter zitieren.[67]

Die Geschichte ist deshalb bemerkenswert, weil sie zeigt, wie umfassend es der Branche gelungen ist, die Politik gefügig zu machen. Spahn hielt die Gewinnmargen auch deshalb für unangemessen, weil der weit überwiegende Teil der Leistungen durch Pflegeversicherung und Sozialhilfe – also umlagefinanziert über Beiträge und Steuern – bezahlt wird.

In ihrer Antwort auf eine kleine Anfrage der FDP zu Spahns Äußerungen bekannte sich die Bundesregierung dann zu «einer angemessenen Vergütung des Unternehmerrisikos der Pflegeeinrichtungen», obwohl ihr Gesundheitsminister vorher erklärt hatte, dass und warum sich dieses Risiko in engen Grenzen hält.

In die Strukturen flossen Milliarden

Die Macht der privaten Pflegeanbieter und ihres Lobbyvereins rührt erstens daher, dass sie genau das tun, was die Politik seit Erfindung der Pflegeversicherung von ihnen erwartet: Sie schaffen Strukturen, die der Staat nicht mehr schaffen will. In diese Strukturen ist eine Menge privates Geld geflossen. Darauf weist der bpa im Abbinder jeder seiner Pressemitteilungen hin: «Das [von den Verbandsmitgliedern] investierte Kapital liegt bei etwa 26,6 Milliarden Euro.»

Zweite Stütze der Macht des bpa ist seine schiere Größe. Von circa 15 400 privat betriebenen stationären und ambulanten Pflegeeinrichtungen in Deutschland sind 11 000 Mitglied im bpa. Diese Mitglieder «tragen die Verantwortung für rund 335 000 Arbeitsplätze und circa 25 000 Ausbildungsplätze», wie ebenfalls unter den Pressemitteilungen nachzulesen ist.[68]

Der Minister will Pflegeschulen im Ausland

Wobei die Beschäftigtenzahlen insofern kein Machtfaktor mehr sind, als sich heute nicht mehr implizit mit Jobverlusten drohen lässt für den Fall, dass die Politik nicht spurt.

Pflegekräfte – vor allem für Heime – sind in vielen Gegenden Deutschlands kaum noch zu finden. Deshalb lässt der bpa weltweit nach ihnen fahnden, setzt sich für eine drastische Erleichterung von Zuwanderung auch und gerade aus Nicht-EU-Ländern ein. «Arbeits- und Gesundheitsministerium müssen direkt in Drittstaaten mit einer positiven demografischen Entwicklung gehen und dort Pflegekräfte anwerben», heißt es in einer Pressemitteilung.[69]

Und die Politik reagiert. Jens Spahn schlug vor, in Ländern wie Kosovo, Mazedonien, auf den Philippinen oder Kuba mit deutschem Geld Schulen aufzubauen, in denen Interessenten nicht nur den Beruf, sondern auch die Sprache lernen sollen, um anschließend bei uns in der Pflege zu arbeiten. Und im September 2019 reiste Spahn nach Mexiko, um auch hier Personal für deutsche Kliniken und Altenheime anzuwerben.

Pflege ist in Deutschland immer noch schlecht bezahlt

Dass andere EU-Länder, um deren Arbeitskräfte man ja auch werben könnte, in dieser Diskussion nicht mehr auftauchen, hat zwei Ursachen.

Erstens sind vielerorts die Verdienstmöglichkeiten zuletzt immer besser geworden, beispielsweise in Polen. Zugleich wird Pflege bei uns auch im europäischen Vergleich immer noch schlecht bezahlt. Die Unterschiede werden also kleiner, und damit auch der Anreiz, für den Job nach Deutschland zu kommen. Was der bpa damit zu tun hat, dazu kommen wir noch.

Zweitens wollte die Politik 2018 im Zuge der Reform der Pflegeausbildung deren Inhalte deutlich aufwerten, Pflegekräften mehr Kenntnisse in Medizin und Rehabilitation vermitteln als bisher. Dadurch sollte der Job für eine breitere Bewerberschicht interessant werden, vor allem für Menschen, die in ihrer Heimat akademisch vorgebildet waren und deshalb mit den hiesigen Verhältnissen massive Probleme hatten.

«Manch spanische Fachkraft mit einer universitären Ausbildung sollte in deutschen Heimen neben der Pflege zum Beispiel auch putzen. Das haben viele schlicht nicht eingesehen», so die gelernte Krankenschwester Kordula Schulz-Asche. Als Sprecherin für Alten- und Pflegepolitik der bündnisgrünen Bundestagsfraktion macht sie sich für eine deutliche Aufwertung der Ausbildung stark. Viele Pflegebedürftige hätten mehr als eine Erkrankung, häufig litten sie unter Depressionen oder Demenz. «Deshalb brauchen wir Fachkräfte, die in der Lage sind, professionell zu pflegen, Prävention und Rehabilitation zu integrieren, und die umfassende Kenntnisse auf dem aktuellsten Stand der Wissenschaft mitbringen, um so komplexe Pflegeprozesse planen, steuern und evaluieren zu können. Und wir brauchen Pflegefachpersonal, das mit Beteiligten aus anderen Gesundheitsberufen, insbesondere den Ärztinnen und Ärzten, auf Augenhöhe zusammenarbeiten kann.»[70]

Der Bundestag beschließt die «notwendige Nachbesserung»

Zu alldem sei es aber nicht gekommen, weil kurz vor Verabschiedung der Pflegeausbildungsverordnung auf Druck des bpa alle Wissenschaftlichkeit aus der neuen Pflegeausbildung herausgestrichen wurde, so Kordula Schulz-Asche.

Selbst die SPD, die den am Ende verabschiedeten Formulierungen nur zähneknirschend zugestimmt hatte, machte aus diesem Zusammenhang keinen Hehl. Die Union habe «ganz offensichtlich den privaten Pflegearbeitgebern entgegenkommen» wollen, so eine sozialdemokratische Bundestagsabgeordnete.[71]

Wie um diese These zu untermauern, sagte der CSU-Abgeordnete Georg Nüßlein dem *Handelsblatt*: «Wir wollen keine Akademisierung und Verwissenschaftlichung der Pflegeausbildung.»[72]

Damit verwendete er exakt jenen Begriff – mit derselben negativen Konnotation – den auch der bpa im parlamentarischen Ringen um das Gesetz immer wieder benutzt hatte. Zum Beispiel in einer Stellungnahme zur vorletzten Fassung des Gesetzes*, in welcher der Verband seine Position noch einmal unmissverständlich klarstellte: «Die bisher vorgenommenen Anpassungen genügen jedoch nicht, um die Gefahren der Verwissenschaftlichung der Ausbildung sowie des Kompetenzverlustes in den Schwerpunktbereichen auszuräumen. Darüber hinaus wird der drohenden Überforderung der Auszubildenden mit Blick auf deren Schulabschluss und das Zugangsniveau nicht hinreichend begegnet.»[73]

Am Ende bleibt es nicht bei «den bisher vorgenommenen Anpassungen», sondern der Bundestag beschließt die «notwendige Nachbesserung» und erteilt «der heimlichen Akademisierung eine Absage», wie der bpa triumphierend in einer Pressemitteilung feststellte.[74]

Der Pflegeverband wollte verhindern, dass Hauptschüler während der Ausbildung überfordert werden. Den Beruf auch für andere Absolventengruppen attraktiver zu machen und da-

---

* Wie in Gesetzgebungsverfahren üblich, war der bpa im Bundestag im Rahmen der sogenannten Verbändeanhörung beteiligt, konnte dabei seinen Standpunkt und seine zahlreichen Änderungsvorschläge einbringen.

mit das Image der Altenpflege insgesamt zu heben, scheint dagegen nicht im Mittelpunkt der Bemühungen zu stehen.

Der Verband kämpft gegen einen einheitlichen Tarif

Wie ich im Folgenden zeigen werde, gibt es sogar Indizien, die darauf hindeuten, dass der bpa die Heime seiner Mitglieder lieber mit billigen Kräften aus armen Ländern füllt, die keine Alternative zu dem Job haben, als die Altenpflege auch für junge Deutsche wieder attraktiver zu machen und für diese Aufwertung auch mehr auszugeben.

Zentrales Indiz dafür ist der Kampf gegen den einheitlichen Tariflohn und gegen die Anhebung des Mindestlohns in der Pflege. Dabei tritt 2015 mit Gründung des bpa-Arbeitgeberverbandes ein neuer Akteur auf den Plan, dessen Präsident Rainer Brüderle schon 2010 als Bundeswirtschaftsminister versucht hatte, die Einführung des Mindestlohns in der Pflege zu bremsen.[75]

Damals musste er einlenken. Danach sieht es heute, in seiner neuen Funktion, eher nicht aus.* Im Gegenteil: Die von ihm verbreiteten Pressemitteilungen bezüglich der Bezahlung in der Pflege sind sowohl sprachlich als auch inhaltlich unmissverständlich.

Das zeigte sich zunächst bei der Auseinandersetzung um einen einheitlichen Tariflohn, den Bundesarbeitsminister Heil ins Spiel gebracht hatte. Aushandeln wollten ihn die Gewerkschaft Verdi und die Arbeiterwohlfahrt (als Pflegeanbieter). Die dabei erzielte «Pilot-Einigung» sollte dann für die gesamte Branche gelten.

Brüderle und sein Verband kommentierten den Vorstoß unter anderem so: «Die Tarifautonomie spielt für die Bundes-

---

* Stand: August 2019

regierung bei der reinen Förderung von Organisationsinteressen keine Rolle mehr. Und die Pflegenden, die in ganz überwiegender Mehrheit durch eine Abstimmung mit den Füßen und ihre Nichtmitgliedschaft in den Gewerkschaften längst deutlich gemacht haben, dass sie keine Tarifrituale und staatlichen Lohndiktate wollen, sondern sich nach echten und unmittelbaren Verbesserungen für ihren Alltag sehnen, haben von alldem nichts.»[76]

Außer vielleicht mehr Geld, möchte man anfügen ... Nach Angaben des Instituts für Arbeitsmarkt- und Berufsforschung verdienen Altenpflegekräfte im Bundesdurchschnitt knapp 2400 Euro brutto im Monat – bei erheblichen Unterschieden von Bundesland zu Bundesland. In Sachsen-Anhalt sind es lediglich 2100, in Baden-Württemberg gut 3000 Euro. In der Krankenpflege wird deutlich besser bezahlt.

Ein Gutachten brachte das gewünschte Ergebnis

Um «Tarifrituale und staatliche Lohndiktate» zu verhindern, gab der bpa beim ehemaligen Verfassungsrichter Udo Di Fabio ein Gutachten in Auftrag. Aus seiner Sicht gab es dann tatsächlich «erhebliche verfassungsrechtliche Bedenken gegen einen allgemein verbindlichen Tarifvertrag», weil dadurch «ein marktwirtschaftlicher Wettbewerb in der Pflegebranche de facto ausgeschlossen» würde.[77]

Es sei bemerkenswert, «welchen Aufwand kommerzielle Pflegeunternehmen betreiben, um keine fairen Löhne zahlen zu müssen», kommentierte Sylvia Bühler aus dem Verdi-Bundesvorstand das Gutachten und sein Ergebnis.

Und dieser Aufwand reichte noch weiter. Nachdem Udo Di Fabio mit einem etwas gönnerhaften «überlegt euch dieses Instrument noch mal» an die Bundesregierung appelliert hatte, forderte Gesundheitsminister Spahn statt einheitlicher Tarife eine deutliche Erhöhung des Pflege-Mindestlohns. Der beträgt aktuell 11,05 Euro in West- und 10,55 Euro in Ostdeutschland. Für angemessen hält Jens Spahn 14 Euro, was ungefähr 2500 Euro brutto pro Monat entspricht. «Statt populistisch über Zahlen zu fabulieren, sollte der Bundesgesundheitsminister seiner ureigensten Aufgabe nachkommen und endlich Vorschläge vorlegen, wie höhere Löhne finanziert werden», kommentierte der Arbeitgeberverbandspräsident diesen Vorstoß.[78]

Noch deutlicher hatte er die Forderung nach Staatsknete zuvor in einem Statement zum drohenden Tarifvertrag formuliert: «Wenn der Bundesregierung die ohnehin stark steigenden Löhne in der Altenpflege nicht ausreichen, dann kann sie sofort handeln. Zum Beispiel indem sie jedes Jahr der Pflege Geld zur Verfügung stellt, das ausschließlich für höhere Gehälter für die Pflegekräfte durch die Träger verwendet werden darf.»[79]

Wie der Ruf nach mehr Subventionen zur Überzeugung passt, dass wir «mehr und nicht weniger unternehmerisches Denken in der Pflege» brauchen, bleibt Brüderles Geheimnis.

Nach vier Jahren Modellversuch kam das Ende

Auch für die Interessen ambulanter Pflegedienste setzen sich der bpa und andere Lobbygruppen seit Jahren kraftvoll ein und erzielten bemerkenswerte Erfolge.

Unvergessen ist vor allem die Niederschlagung des Pflegebudgets. Ich hatte den Modellversuch bereits in Kapitel 5 beschrieben. Zur Erinnerung: In sieben deutschen Städten und Landkreisen konnten sich Pflegebedürftige das Geld der Kassen direkt auszahlen lassen und in einem gewissen Rahmen selbst entscheiden, welche Leistungen sie damit bei wem einkaufen. Für die Erprobung dieses Modells hatten sich 2004 alle Parteien im Bundestag ausgesprochen. Der Versuch lief vier Jahre, danach sollte das Persönliche Budget – positive Erfahrungen vorausgesetzt – bundesweit eingeführt werden.

Die Idee hatte das Potenzial, die gesamte Altenhilfe in Deutschland vom Kopf auf die Füße zu stellen. Doch so weit kam es nicht. Das «Pflege-Weiterentwicklungsgesetz» aus dem Jahr 2008 enthielt keinen Budget-Ansatz. Die Idee hatte schlicht zu viele Gegner. Und dabei handelte es sich längst nicht nur um den bpa.

Sich noch einmal mit dieser Geschichte zu beschäftigen, lohnt sich erstens, weil sie Bände spricht über die Folgen jener Strukturen, die uns die Pflegeversicherung aufzwingt, und zweitens, weil das Scheitern des Pflegebudgets vermutlich viel zu jenem vorauseilenden Gehorsam beigetragen hat, den die Regierung den mächtigen Pflege-Interessengruppen heute entgegenbringt. Wie dieser Gehorsam funktioniert, werde ich später noch anhand des aktuellen Modellprojekts Pflegeberatung durch Kommunen aufzeigen.

Die freie Wohlfahrtspflege boykottierte das Projekt

Gegen das Pflegebudget leisteten die ambulanten Dienste vor allem deshalb Widerstand, weil sie dadurch nicht mehr die alleinige Kontrolle über Verrichtungen und Abrechnungen hatten. Stattdessen wurde der «Pflegefall» zum Kunden, mit dem man sich plötzlich über Qualität und Leistung auseinandersetzen musste, der darüber hinaus Leistungen einkaufen konnte, die nicht im Verrichtungskatalog standen.

Schützenhilfe bekamen die ambulanten Dienste auch von Krankenkassen und Medizinischem Dienst, weil ohne Verrichtungsprinzip auch deren Kontrollsystem nicht mehr gebraucht würde. Eine Bewertung des Modellprojekts im Auftrag der

Pflegekassen kam zu dem Schluss, dass «die Einführung eines Pflegebudgets als Ergänzung eines ansonsten unveränderten Leistungsrechts aus der Sicht der sozialen Pflegeversicherung kaum finanzierbar ist.»[80]

In ihrem Widerstand gingen die Gegner des Projekts recht ungewöhnliche Bündnisse ein. Es gab Demonstrationen gegen die Einführung des Budgets, bei denen Arbeitgeber und Gewerkschaften gemeinsam agierten. An einem der Modellstandorte boykottierte die freie Wohlfahrtspflege das Projekt regelrecht, der Caritasverband fragte auf einer Fachtagung, wie sichergestellt werden könne, «dass Sozialstationen als etablierter und akzeptierter und qualifizierter Anbieter in der ambulanten häuslichen Pflege an den neuen Leistungen partizipieren können?»[81] Und der Arbeitgeber- und BerufsVerband Privater Pflege e. V. (ABVP) richtete einen geradezu verzweifelten Appell an Gewerkschaften, Sozialpolitiker aller Parteien, Sozialverbände, Kranken- und Pflegekassen und viele mehr: «Eine flächendeckende Einführung des Modellprojektes Pflegebudget ab 2008 muss verhindert werden!»[82]

Die Profiteure verteidigen ihre Pfründe

Nach Ansicht von Thomas Klie, Professor für Rechts- und Verwaltungswissenschaften an der Evangelischen Hochschule Freiburg und «Vater» des Pflegebudgets, verstünden viele Pflegedienste die Pflegeversicherung leider immer noch «vor allen Dingen als Versicherung ihres Unternehmens, nicht aber zuvörderst als Sicherungsversprechen für die Pflegebedürftigen.»

Und diese Versicherung funktioniert weiterhin bestens. Der Abstand zwischen Pflegegeld und Sachleistungsbudget ist größer denn je. Und wer den «Entlastungsbetrag» von monatlich atemberaubenden 125 Euro nutzen will, der muss sich für die Art seiner Verwendung rechtfertigen.

Die Geschichte des Pflegebudgets zeigt auf eindrückliche Weise, welche Pfründe die Pflegeversicherung geschaffen hat, wie sehr viele Gruppen von ihr profitieren und wie rigoros sie diesen Profit gegen alles verteidigen, was ihn gefährden könnte.

Und die Geschichte zeigt, wie wenig Interesse Pflegedienste – egal ob privat oder freigemeinnützig – an echtem Wettbewerb in der Branche haben. Genau dafür nämlich würde die – relativ – freie Wahl des Dienstleisters durch den Budgetnehmer sorgen.

Das Scheitern des Projekts war offenbar beabsichtigt

Zu einer Gefährdung der Pfründe hätte auch ein aktuelles Modellprojekt werden können, weil es ebenfalls enormes Veränderungspotenzial für die Pflege besitzt: Laut Pflegestärkungsgesetz III (PSG III) sollten ab Januar 2017 bis zu sechzig Kommunen im Rahmen eines auf fünf Jahre angelegten Modellvorhabens «vollständig verantwortlich für die Pflegeberatung, die Beratungseinsätze in der Häuslichkeit und die Pflegekurse» sein. Darüber hinaus hätten «die Pflegekassen mit den Kommunen Vereinbarungen zur finanziellen und personellen Zusammenarbeit zu treffen». Sinn und Zweck der Idee sollte erstens sein, Pflegebedürftige so individuell wie möglich über ihre Ansprüche und über Hilfsangebote aufzuklären, zweitens wollte man die Rolle der Städte in Sachen Pflege gezielt stärken.

Mehr Verantwortung für die Kommunen? Passierte nun tatsächlich auch bei uns das, was unzählige Fachleute und erfolgreiche internationale Vorbilder seit Jahren nahelegten?

Nicht wirklich. Aktuell sieht es nach einem Fehlschlagen des Vorhabens aus. Und das liegt nicht nur am Widerstand der

Lobbygruppen, sondern auch daran, dass das Projekt von Beginn an fehlkonstruiert war, wie die Bundestagsfraktion der Grünen schon 2016 vor Verabschiedung des Gesetzes in einem Entschließungsantrag moniert hatte. Eine ganze Reihe von Regelungen zu dem Modellvorhaben seien «schlicht unverständlich und lassen vermuten, dass ihr Scheitern beabsichtigt ist, so etwa die Vorgabe, dass die Hälfte der Modellkommunen über keine mehrjährigen Erfahrungen in der Beratungstätigkeit verfügen dürfen. Dieser Anteil ist extrem hoch. Damit besteht die Gefahr, dass bei der späteren Evaluation der Modelle allein der vermeintliche Beleg erbracht wird, dass die Modelle gescheitert sind, die Stärkung der Kommunen also insgesamt nicht sinnvoll sei.»[83]

Sollte das wirklich so sein, stellt sich natürlich die Frage, warum die Regierung mehr Interesse am Scheitern als am Gelingen eines von ihr selbst initiierten Projekts haben könnte.

Nach Auffassung von Kordula Schulz-Asche, Sprecherin für Alten- und Pflegepolitik der Bundestagsfraktion Bündnis 90 / Die Grünen und eine der Autorinnen des zitierten Antrags, war auch dieses Modellprojekt Ergebnis der permanenten Uneinigkeit innerhalb der Großen Koalition in Sachen Pflege. Nach außen hätten beide Partner der Forderung nach mehr kommunaler Gestaltungsmacht nachkommen wollen. Auf der anderen Seite habe man aber große Angst vor den möglichen Kosten eines echten Strukturwandels, so Schulz-Asche.

Für eine Antwort brauchte die Regierung elf Monate

Dass es sich bei dieser Analyse um mehr handelt als um die übliche Kritik der Opposition an einem Vorhaben der Regierung, zeigen die Reaktionen der Länder, Städte und Landkreise, also der potenziell wichtigsten Akteure des Modellprojekts. Nach

Ansicht des Deutschen Landkreistages seien die Regeln für die kommunale Beratung «nicht praxistauglich». Als Vertretung der Länder monierte der Bundesrat, die Regierung bringe Pflegekassen und Kommunen in eine künstliche Konkurrenzsituation, was die eigentlich angestrebte Kooperation mehrerer Beratungsträger ausschließe. In einer Entschließung listeten die Länder ihre Kritik am PSG III auf. Für eine Antwort darauf benötigte die Bundesregierung elf Monate.

Der Deutsche Städtetag äußerte sich ähnlich wie die Länder, bezeichnete es als «unverständlich, warum den Modellkommunen ein so enges Korsett vorgegeben wird, in dem sie arbeiten sollen. Es widerspricht dem Erkenntnisinteresse eines Modells, für die Kommunen nahezu keine Spielräume zu gewähren, jedoch Vorgaben durch die Pflegekassen vorzusehen, bei deren Erarbeitung die kommunale Ebene noch nicht einmal beteiligt werden soll. Die Modellprojekte dürfen keine Sparschweine zugunsten der Pflegekassen sein, die sich ihrer Aufgaben entledigen, aber die Finanzierungsanteile nicht leisten wollen.»[84] Unter diesen Umständen würden nur wenige Städte und Kreise Modellkommunen werden wollen.

Diese Vorhersage aus dem Jahr 2016 scheint sich leider zu bewahrheiten. Mittlerweile ist klar, dass (mindestens) Bayern gänzlich auf eine Teilnahme an dem Projekt verzichtet. Das Land hätte wie alle anderen bis Ende 2018 landesrechtliche Regelungen für die «Modellvorhaben zur kommunalen Beratung Pflegebedürftiger und ihrer Angehörigen» aufstellen müssen, hat dies aber nicht getan.

Der bpa kämpft seit Jahren gegen eine aktive Rolle der Städte in der Pflege. Die Kommunen sollten sich darauf beschränken, «Versorgungslücken zu erkennen und diese zum Wohle der Pflegebedürftigen zu schließen. Als Anbieter dieser fehlenden Leistungen müssen sie deshalb nicht auftreten», so der Verband in einer Stellungnahme vom Oktober 2016.[85] Noch weniger seien eine «Bedarfssteuerung der Angebote» oder die «Fallsteuerung der pflegebedürftigen Menschen» städtische Aufgaben.

Die Lobbyisten sind alarmiert

Während sich diese Ängste der Lobbyverbände im Zusammenhang mit dem Modellprojekt Pflegeberatung als unbegründet erwiesen, weil seine (Fehl-)Konstruktion Kommunen weder dazu motiviert noch in die Lage versetzt, solche Aufgaben zu übernehmen, könnte ein anderes, aktuelles Gesetz sie geradezu zum Eingreifen zwingen. Entsprechend alarmiert sind die Lobbyisten vom bpa. Was sie genau befürchten, darauf komme ich noch. Im nächsten Kapitel beschäftige ich mich mit der zwiespältigen Rolle der Wohlfahrtsverbände in der Pflege und beantworte die Frage, warum Private und Freigemeinnützige nach Jahren recht friedlicher Koexistenz seit 2018 vernehmbar miteinander streiten.

Der bpa und das Geld:
Wo die üppigen Einnahmen des
Verbandes herkommen

Offiziell ist der bpa – der Bundesverband privater Anbieter sozialer Dienste e.V. – eine Interessenvertretung privater Heime und ambulanter Pflegedienste. De facto kümmert er sich allerdings besonders um das Wohl der Pflegeheime.

Das könnte auch mit der Struktur seiner Einnahmen zusammenhängen. Der bpa-Mitgliedsbeitrag berechnet sich bei Heimen nach der Anzahl der Bewohner. Eine Einrichtung mit achtzig Plätzen bezahlt pro Jahr inklusive des Grundbetrages mehr als 4000 Euro an den Verband. Ambulante Pflegedienste dagegen entrichten einen monatlichen Pauschalbetrag, der unabhängig davon ist, wie viele Pflegebedürftige sie versorgen.[86]

Dabei sind die Tarife so gestaffelt, dass ein zusätzliches, durchschnittlich großes Heim in seinen Reihen dem Verband fast doppelt so hohe Einnahmen beschert wie ein zusätzlicher ambulanter Pflegedienst.[87]

Der bpa nimmt grob geschätzt etwa 25 Millionen Euro jährlich an Mitgliedsbeiträgen ein, ungefähr sechzig Prozent davon kommen von den Heimen.

Neben der Bundesgeschäftsstelle in Berlin unterhält der Verband ein Büro in Bonn und eines in Brüssel, außerdem sechzehn Landesgeschäftsstellen, die bpa Servicegesellschaft mbH als Unternehmensberatung und eine Bildungsakademie.

Kapitel 8

Höhere Beiträge plus Steuermittel: Wie sich die Wohlfahrtsverbände die Zukunft der Pflegeversicherung vorstellen

«Für eine verlässliche und auskömmliche Refinanzierung.»

Wie in diesem Buch schon an anderen Stellen beschrieben, muss das deutsche Gesundheits- und Sozialwesen mit einer ganzen Reihe von Merkwürdig- und Einzigartigkeiten zurechtkommen. Eine davon ist das Nebeneinander von privatwirtschaftlichen und freigemeinnützigen Trägern, also von Pflegekonzernen wie Alloheim oder Korian auf der einen und Caritas oder Arbeiterwohlfahrt auf der anderen Seite.

Obwohl diese Trägergruppen höchst verschieden sind und der Staat sie auch verschieden behandelt, war die Dualität jahrelang eher ein Randaspekt in der Pflegediskussion. Man hatte sich arrangiert. Die Privaten beklagten zwar rituell die Privilegien der Freigemeinnützigen, schafften es aber zugleich, ihren Marktanteil deutlich zu erhöhen.

Spätestens seit 2018 ist es mit der Ruhe vorbei. Um die Ursachen des Konflikts – und um seine Wirkungen – geht es in diesem Kapitel.

Alle wurden zu Auftragnehmern des Sozialstaats

Die friedliche Koexistenz hatte die profane Ursache, dass die Interessen beider Trägergruppen bei genauer Betrachtung so unterschiedlich nicht waren und sind. Beide betreiben Pflegedienste und Heime, und beide wollen mit Unterstützung der Pflegeversicherung schwarze Zahlen schreiben. Denn gemeinnützig zu sein bedeutet ja nicht, keine Überschüsse machen zu wollen oder zu dürfen, es verlangt nur, diese Überschüsse anschließend in einem für die Allgemeinheit nützlichen Sinne zu verwenden.

Diese Auflage wird Caritas, Rotem Kreuz und Co. mit erheblichen Steuerprivilegien versüßt, eine Bevorzugung, die private Träger immer wieder kritisieren.

Mochte die Motivation ursprünglich Nächstenliebe und Fürsorge gewesen sein, bieten Wohlfahrtsverbände seit mindestens hundert Jahren auch deshalb bestimmte Leistungen an, weil sie als sozialpolitische Akteure wahrgenommen und gehört werden wollen. Mit Einführung der Pflegeversicherung wurden sie darüber hinaus ebenso zu Auftragnehmern des Sozialstaats wie die privaten Träger.

Weil aber Gemeinnützigkeit und ein beispielsweise christliches Weltbild die Pflege nicht zwingend und messbar besser machen, und weil kirchliche oder karitative Heimbetreiber genauso unter Regularien, Sachzwängen und Personalproblemen leiden wie alle anderen in der Branche, produzieren sie auch regelmäßig ähnliche Schlagzeilen:

2018 wurden im Heim eines katholischen Trägers in Baden-Württemberg drastische Mängel publik. Die Mitarbeiter hatten Hunderte von Überstunden angesammelt, die Qualität der Mahlzeiten war schlecht und Räumlichkeiten verdreckt: das ganze Programm.

In einem bayerischen Rot-Kreuz-Heim hatte ein Pfleger alte Menschen regelrecht gequält, er wurde angeklagt und zu einer Bewährungsstrafe verurteilt. Um nur zwei Beispiele zu nennen.[88]

Auch beim Umgang mit dem Personal verdienten sich die Wohlfahrtsverbände über lange Zeit keine Bestnoten. Als die katholische Caritas 2009 in Hannover fünf Altenheime an die evangelische Diakonie verkaufte, war das für die Mitarbeiter mit einem spürbaren Lohnverzicht verbunden.[89]

Der höchste Personalschlüssel gilt als Mindeststandard

Doch die aktuelle Personalknappheit, unter der ausnahmslos alle leiden, hat bei diesem Thema einen Sinneswandel bewirkt. Laut einer aktuellen Studie der gewerkschaftsnahen Hans-Böckler-Stiftung zahlen die Freigemeinnützigen mittlerweile in der Regel besser als Private.[90] Allerdings liegen hier oft auch die Preise und damit die Eigenanteile der Bewohner höher.[91]

Nach dem Willen der Wohlfahrtsverbände sollten die Löhne in der Pflege auf ein deutschlandweit einheitliches, für alle Träger verbindliches Niveau steigen. Womit wir beim Konflikt mit den Privaten sind.

Anfang 2018 forderte ein «Bündnis für fairen Wettbewerb in der Altenpflege» von der Bundesregierung, die zu diesem Zeitpunkt noch in Koalitionsverhandlungen steckte, sich für einheitliche Tarife in der Pflege einzusetzen. Und dieses Ziel stand dann auch im Regierungsprogramm.

In dem Bündnis hatten sich die Dienstleistungsgewerkschaft Verdi und fast sämtliche Wohlfahrtsverbände zusammengeschlossen, Partner, die zuvor keineswegs immer freundlich miteinander umgingen. Gewerkschaft und kirchliche Einrichtungen stritten und streiten seit Jahren über den sogenannten

Dritten Weg, der die Rechte von Kirchenangestellten bei Mitbestimmung und Streik deutlich einschränkt.

Obwohl die Kirchen auf dieses Privileg, das der ehemalige Verdi-Chef Frank Bsirske schon mal «grundgesetzwidrig» nannte, natürlich nicht verzichteten, verständigten sich die Partner auf einheitliche Forderungen. Und die haben es in sich. Denn das Bündnis verlangt nicht nur einheitliche Tarifverträge, sondern auch, den im Ländervergleich höchsten Personalschlüssel als bundesweiten Mindeststandard festzuschreiben.

Caritas & Co. wollen eine echte Teilkasko-Versicherung

Gegen einen allgemeinverbindlichen Tarifvertrag gab der bpa Arbeitgeberverband wie schon beschrieben beim ehemaligen Verfassungsrichter Udo Di Fabio ein Gutachten in Auftrag, der dann tatsächlich «erhebliche verfassungsrechtliche Bedenken» äußerte.

Und ein weiterer Verband, der vor allem große stationäre Träger vertritt, äußerte die Befürchtung, bei Gehaltsstrukturen wie im öffentlichen Dienst werde ein «satter zweistelliger Milliardenbetrag» zusätzlich fällig.

Dass seine Wünsche zum Nulltarif zu haben seien, behauptet auch das «Bündnis für fairen Wettbewerb in der Altenpflege» nicht, und auch seine Mitglieder möchten die Mehrausgaben nicht von den eigenen Erträgen bezahlen.

Im Gegenteil. In ihren «Positionen für eine verlässliche und auskömmliche Refinanzierung der Altenpflege»[92], präsentierten die Freigemeinnützigen im Mai 2019 Reformvorschläge, die einem tiefen Griff in die öffentlichen Kassen gleichkämen. Um «die Attraktivität der Berufe in der Altenpflege und die Beschäftigtenzahl entsprechend des Bedarfs» zu erhöhen, brauche es eine einheitliche und bessere Bezahlung. Dadurch würden die Heimpreise zwangsläufig steigen, was aber nicht zu höheren Eigenanteilen der Bewohner führen dürfe. «Daher wird empfohlen, die Eigenbeteiligung vom Entgeltniveau zu entkoppeln und zu vereinheitlichen.»

Bei dieser Forderung handelt es sich um den vieldiskutierten Sockel-Spitze-Tausch, also um eine Umkehrung des bisherigen Leistungsprinzips der Pflegeversicherung: Die Bewohner bezahlen dann nur noch einen immer gleichen Eigenanteil, und was fehlt, legt die Versicherung drauf.

Finanzieren lässt sich das nach Ansicht des Bündnisses durch höhere Pflegeversicherungsbeiträge, die zudem dynamisiert, also regelmäßig den Preissteigerungen (nach oben) angepasst werden sollen. Darüber hinaus benötigte Gelder könnten aus Steuermitteln stammen, außerdem sollten alle Bundesländer dazu verpflichtet werden, die Investitionskosten der Träger zu fördern.

Zusammenfassend empfiehlt das Positionspapier, «die begonnene Diskussion um die Weiterentwicklung der Pflegeversicherung zu intensivieren».

Auffällig an dem Positionspapier ist, dass die Wohlfahrtsverbände sich darin zwar viele Gedanken über die Weiterentwicklung der Pflegeversicherung machen, weniger aber über die Weiterentwicklung der Pflege. Ideen, die über die Forderung nach mehr Geld zum eigenen Wohl hinausgehen, enthält das Papier nicht, und durch solche Vorschläge fallen die Freigemeinnützigen auch sonst eher nicht auf. Im Gegenteil: Strukturreformen wie das Pflegebudget haben sie – zumindest in Teilen – gezielt boykottiert, anstatt sie zu unterstützen.

Die Wohlfahrtsverbände mögen bereit sein, ihre Mitarbeiter besser zu bezahlen; einen echten Systemwechsel können sie nicht wollen, dafür profitieren auch sie zu sehr von den Anreizen, die die Pflegeversicherung setzt.

Dass der Pflegeberuf nicht nur bessere Löhne braucht, sondern auch ein besseres Image, damit beschäftige ich mich im
folgenden Kapitel.

#gutezeitenfürgutepflege: Warum Image-kampagnen allein den Pflegeberuf nicht attraktiver machen

«Mal geilen, illegalen Scheiß machen? Komm in die Pflege!»

Auf einer Hitliste der am schönsten herausgespielten politischen Eigentore würde die Aktion des CDU-Bundestagsabgeordneten Erwin Rüddel vom Februar 2019 vermutlich einen der vorderen Plätze einnehmen.

Rüddel wandte sich öffentlich an Deutschlands Pflegekräfte, und die Tatsache, dass er dies via Twitter tat, lässt vermuten, dass er dabei tendenziell die Jüngeren unter ihnen im Blick hatte: «#Deal: Politik handelt konsequent und #Pflegende fangen an, gut über die #Pflege zu reden. Dann kommen viele wieder in die Pflege zurück und es beginnen #gutezeitenfürgute pflege.»[93]

Doch die guten Zeiten kamen anschließend nicht, weder für die Pflege noch für Rüddels Imagekampagne. Sondern unter dem hübschen Hashtag – und unter #twitternwierueddel – sammelten sich hässliche bis zynische Bemerkungen über die Arbeit in der Branche. Zum Beispiel: «Wenn du nach 30 Jahren im Betrieb als Wohnbereichsleitung im Westen mit 2100 Euro nach Hause gehst: #gutezeitenfürgutepflege» – brutto Vollzeit, wie der User zum besseren Verständnis nachschob. Ein anderer zitierte seine Chefin: «Die Fachkraft vom Nachtdienst ist krank, können Sie noch den Nachtdienst an Ihren Spätdienst anhängen? Bekommen Sie aber nicht bezahlt – wegen Arbeitsschutzgesetz und so.» Oder auch: «Mal geilen, illegalen Scheiß machen? Komm in die #Pflege! Arbeitszeitgesetz? Nicht für dich! Dokumentenfälschung? Jeden Tag! Steh auch du mit einem Bein im Knast!»

Und: «#Deal: #Pflegende reden weiterhin gut und ehrlich über Realitäten in der #Pflege. Erwin Rueddel redet gar nicht mehr über Pflege. Vielleicht dann #GuteZeitenFuerGutePflege?»[94]

Auch ein verheerendes Image muss man sich verdienen

Das «Reden über Pflege» hatte sich Erwin Rüddel offenbar etwas anders vorgestellt und sperrte kurzum einige der renitenten User. Dem Vorsitzenden des Gesundheitsausschusses im Bundestag war es in kürzester Zeit gelungen, so ziemlich alle Pflegekräfte, die Twitter nutzen, gegen sich aufzubringen.

Rüddel gab mit seinem Appell den Pflegekräften indirekt eine Mitschuld am schlechten Image des Jobs und wiederholte damit ein altbekanntes, von Lobbygruppen und Politikern seit vielen Jahren verbreitetes Mantra: Die Arbeit in der Pflege ist viel besser als ihr Ruf. Deshalb müssen wir vor allem den Ruf der Pflege verbessern.

Appell und These dahinter sind in mindestens zweifacher Hinsicht absurd. Erstens ist ein jahrzehntealtes, verheerendes Image eines Menschen, eines Restaurants, eines Berufs oder eines Autos in keinem Fall plötzlich vom Himmel gefallen oder herbeigeredet worden, sondern sein Träger hat es sich «redlich» verdient. Zweitens: Warum sollten Pflegekräfte ihren Beruf schlechtreden, wenn er eigentlich wunderschön und erfüllend ist? Um im Freundeskreis – wenn es den nach drei bis vier Jahren in der Pflege noch gibt – noch öfter ein gespielt bewunderndes «also ... ich könnte DAS nicht!» zu hören? Im Sinne von: «Wie kannst du nur diesen Job machen?»

Würden nicht auch Pflegekräfte lieber ein bisschen bewundert oder beneidet werden, wenn sie von ihrem Beruf erzählen?

Nach zwei Jahren machten die Nerven nicht mehr mit

Pflegen ist eine körperlich und seelisch extrem anspruchsvolle Aufgabe. Sie besteht darin, alten, häufig multimorbiden, einsamen, nicht selten depressiven Menschen das bisschen Leben, das ihnen noch bleibt, so erträglich wie möglich zu gestalten.

Der Journalist Daniel Drepper hat sich intensiv mit den Zuständen in Deutschlands Pflegeheimen beschäftigt und ein erhellendes Buch darüber geschrieben.[95] Auf *Zeit.de* berichtete er über die Erfahrungen einer jungen Pflegefachkraft.[96]

Raimund Kocher* war schon im zweiten Lehrjahr zusammen mit einer Helferin für einen ganzen Wohnbereich zuständig – was nicht erlaubt ist. Von anderen Pflegeschülern hörte er, dass sie dreiundzwanzig Tage am Stück durcharbeiten mussten. Zwei Jahre biss er die Zähne zusammen, dann machten die Nerven nicht mehr mit. Seine Ärztin bescheinigte ihm eine Depression mit Zwangsstörung. Er blieb ein halbes Jahr zu Hause, nahm Medikamente. Irgendwann beschlich ihn das Gefühl, nutzlos zu sein.

Er kehrte zurück an seinen Arbeitsplatz, kämpfte gegen die alten Muster an, sprang nicht mehr ein, opferte keine Freizeit mehr für den Job – und musste sich dafür von Kollegen anschreien lassen.

Derweil wurde die Personalsituation im Heim immer prekä-

* Name zum Schutz der Persönlichkeit geändert

rer, immer häufiger kamen Leiharbeiter zum Einsatz, zum Teil ohne Ausbildung und mit schlechten Deutschkenntnissen.

Zuerst kündigte die Pflegedienstleiterin, dann reichte es auch Raimund Kocher. Er wollte «keine Sachen mehr unterschreiben, die ich nicht gemacht habe oder mit deren Qualität ich nicht einverstanden war».

Kocher folgte seiner ehemaligen Chefin in eine Tagespflege-Einrichtung. Das Arbeiten dort fühlte sich an wie das Paradies: geregelte Arbeitszeiten, kein Schichtdienst, kein Stress.

In ein Heim, das hat er sich geschworen, geht er nie wieder zurück. «Eher nehme ich Hartz IV.»

So denken offensichtlich auch andere Pflegekräfte. Es mussten schon Heime schließen, weil sie kein qualifiziertes Personal mehr fanden und deshalb die gesetzlich geforderte Fachkraftquote nicht erfüllen konnten. Ende August 2019 traf es das Asklepios Pflegeheim Weserblick in Höxter[97], bereits ein Jahr zuvor schloss das ebenfalls private Käthe-Stroetges-Haus in Mönchengladbach[98], wo außerdem Pflegemängel festgestellt worden waren.[99]

Die Reaktion wäre in anderen Branchen undenkbar

Der Lobbyverband bpa reagiert auf die Entwicklung keineswegs mit konsequenter Verbesserung der Arbeitsbedingungen und der Bezahlung, sondern er sprach sich dafür aus, das Problem definitorisch zu beseitigen.

So geschehen im Sommer 2019. Der CSU-Gesundheitsexperte Klaus Holetschek hatte angeregt, die Mindestfachkraftquote von fünfzig Prozent für Heime nicht mehr als starres Prinzip zu behandeln. Er sprach sich für «unbürokratische Regelungen» aus, sollten Pflegeeinrichtungen diese Vorgabe vorübergehend unterschreiten.[100]

Der bpa unterstützte diesen Vorschlag sofort. «Wenn wir zusätzliche Betreuungskräfte einsetzen dürfen, ist dies ein Beitrag, den Fachkräftemangel zu kompensieren und mehr Zeit für die pflegebedürftigen Menschen zu gewinnen», so der bayerische Landesvorsitzende des bpa, Kai A. Kasri dazu. «Mit einer flexibleren Fachkraftquote können Pflegeheime zu jeder Zeit eine qualitativ hochwertige Versorgung sicherstellen.»[101]

Die Fachkraftquote wird bereits jetzt in vielen Heimen überaus flexibel gehandhabt, wenn auch inoffiziell. Wie gerade dadurch «eine qualitativ hochwertige Versorgung» sichergestellt wird, bleibt das Geheimnis des bpa.

Motivierte Mitarbeiter? Muss nicht sein

Die Reaktionen der privaten Pflegeanbieter auf den drastischen Personalmangel sind an Absurdität nicht zu überbieten und wären in anderen Branchen undenkbar. Nehmen wir die Autoindustrie und stellen uns analog zum Aufnahmestopp in vielen Heimen vor, Volkswagen könnte in einigen Werken wegen Personalmangels nicht mehr produzieren. Würde sich der Hersteller trotzdem jeder Forderung nach branchenweiten Lohnerhöhungen – um den Job attraktiver zu machen – verweigern? Würde VW darauf dringen, die Ausbildung schlichter und damit für talentierte Bewerber uninteressanter zu machen? Würde VW öffentlich den Vorschlag unterstützen, mehr angelernte Schrauber statt ausgelernter Fachkräfte beschäftigen zu dürfen?

All das würde ein Autohersteller natürlich nicht tun. Weil sich damit das Problem nicht lösen ließe, und weil es seinem Image schadete. Wahrscheinlicher ist, dass die Automobilbranche gemäß dem Gesetz von Angebot und Nachfrage versuchen würde, für Bewerber so attraktiv wie möglich zu werden, um die besten, talentiertesten, motiviertesten unter ihnen für sich zu gewinnen.

Aber in Deutschlands Altenpflege gelten die normalen Gesetze von Angebot und Nachfrage nicht. Geld verdient man in Zeiten randvoller Heime auch mit schlechtem Image. Motivierte Mitarbeiter? Muss nicht sein. Fachkräfte? Es geht auch ohne. Hauptsache, irgendwer macht den Job.

Warum an den schlechten Arbeitsbedingungen und dadurch auch an schlechter Versorgung von Heimbewohnern die Mitarbeiter vielerorts mitschuldig sind, davon handelt das folgende Interview.

In Kapitel 10 gehe ich dann auf die Lage der Kommunen und die äußerst unglückliche Rolle ein, die sie in der Pflege spielen.

«Pflegekräfte hätten die Macht, alles zu verändern.»

Ein Gespräch mit Armin Rieger

Der Autor des Buches *Der Pflege-Aufstand*[102] war mehr als achtzehn Jahre lang Geschäftsführer des Pflegeheims «Haus Marie» in Augsburg. 2014 legte er gegen die unhaltbaren Zustände in deutschen Heimen Verfassungsbeschwerde ein. Mit ihm habe ich darüber gesprochen, warum MitarbeiterInnen von Pflegeheimen viel öfter nein sagen sollten – und warum sie es nicht tun.

Herr Rieger, in Ihrem Buch schreiben Sie zu Beginn des Kapitels über Pflegekräfte: «Als ich im Jahr 2000 von heute auf morgen das ‹Haus Marie› übernehmen musste, wurde ich mit einer mir bisher unbekannten Art des Denkens und Handelns konfrontiert. Die Pflegekräfte im Heim waren anders als alle anderen Menschen, die ich bisher kennengelernt hatte.»
Inwiefern sind Pflegekräfte so anders?
Viele haben vor allem ein Helfersyndrom, opfern sich auf, erledigen in fast schon masochistischer Demut ihre Arbeit bis zur Belastungsgrenze – und darüber hinaus. Als mir zum ersten Mal eine Pflegekraft aus einem anderen Haus berichtete, sie habe zweihundert Überstunden angesammelt, die sie niemals werde abbauen können, hielt ich das für einen Einzelfall. Heute weiß ich, dass das keine Seltenheit ist. Wer so viel arbeitet und entsprechend wenig Pausen hat, wird mit hoher Wahrscheinlichkeit irgendwann selbst krank. Was wiederum zu Über-

stunden bei den KollegInnen führt, die dann irgendwann auch krank werden ... ein Teufelskreis.

Warum fällt solch extreme Überlastung bei Kontrollen des MDK nicht auf?
Weil der MDK sich nicht dafür interessiert. Dessen Kontrolleure schauen auf die Dienstpläne, checken vielleicht noch, wer aktuell anwesend ist. Die angesammelten Überstunden sieht sich niemand an. Und es fällt auch nicht auf, wenn eine Mitarbeiterin in zwei verschiedenen Heimen auf dem Dienstplan steht. Weil es hier keinen Abgleich gibt.

Aber die MitarbeiterInnen könnten ja darauf hinweisen.
Das tun sie nicht, stattdessen helfen sie in vielen Fällen noch dabei, Dienstpläne zu fälschen, und stützen damit das ausbeuterische System.

Haben sie denn eine Wahl?
Natürlich, sie könnten nein sagen. Pflegekräfte hätten die Macht, die Verhältnisse in der Pflege radikal zu verändern, wenn sie wirklich wollten. Das fängt schon mit einfachen Dingen an. Wer hundert oder mehr Überstunden angesammelt hat, sollte nicht mehr ans Telefon gehen, wenn die Wohnbereichsleitung am Wochenende anruft. Und wenn der Druck dann nicht nachlässt, kündigen. Tun das dann andere KollegInnen auch, muss das Haus schließen, und wir haben ein schlechtes Heim weniger.

Warum passiert das in der Pflegebranche so selten?
Gute Frage, auf die ich auch noch keine abschließende Antwort habe. Viele haben vermutlich resigniert, andere sind vielleicht auch schlicht zu empathielos, um sich zu wehren. Was geht in

einer Pflegekraft vor, die Bewohner über Stunden in ihren Ausscheidungen liegen lässt? Was geht in Pflegekräften vor, die Bewohner hungern lassen? Ich weiß es nicht. Für mich ist das Körperverletzung.

Tun nicht viele einfach nur, was man ihnen sagt, und haben Angst, sich zu wehren?

Das haben sie, aber ich frage mich, warum. Wer kündigt, hat in der Branche am nächsten Tag einen neuen Job. Und die Entschuldigung, man führe doch nur Anweisungen aus, kann ich nicht akzeptieren. Damit lässt sich absolut alles rechtfertigen. Tatsache ist, dass Pflegekräfte, die mitmachen, mitschuldig sind an den Verhältnissen. Und wenn sie dann auch noch die Pflegedokumentationen fälschen, damit nichts ans Tageslicht kommt, begehen sie Urkundenfälschung und zumindest Beihilfe zum Betrug.

Was müsste in Bezug auf die Mitarbeiter passieren, damit sich die Verhältnisse ändern?

Da gäbe es schon Möglichkeiten. Erstens bräuchten wir in den Heimen Pflegekräfte, die medizinisch besser ausgebildet sind, damit sie nicht mehr für jede Medikamentengabe den Arzt anrufen oder ihn gar herbeiholen müssen. Das würde auch das Selbstbewusstsein und das Standing der Pflegekräfte heben. Zweitens müssten die Pflegeschulen staatlich betrieben werden, weil es dann eine zusätzliche Kontrollinstanz gäbe. Aktuell sind es ja Einrichtungen der Privaten oder der Wohlfahrtsverbände. Wenn die Macher dort irgendwelche Horrorgeschichten aus dem Berufsalltag der Schüler hören, dann ignorieren sie die lieber, weil sie von den Aufträgen der Heime abhängig sind.

Und schließlich, der wichtigste Punkt: Wir brauchen dringend ein anderes Vergütungssystem, eines, in dem die Kassen genau kontrollieren, welches Personal tatsächlich vorhanden ist, und auch nur noch dafür bezahlen. Aktuell vergütet die Kasse Pauschalen für innerhalb der nächsten zwölf Monate theoretisch vorhandene Mitarbeiter. Im Extremfall kann das bedeuten, dass Heime für Mitarbeiter kassieren, die schon seit einem Jahr nicht mehr vorhanden sind.

Was würde durch das geänderte Vergütungssystem konkret besser?
Die Heime wären gezwungen, die vorgeschriebenen Fachkraftquoten für verschiedene Schichten zu erfüllen. Mehr Personal schmälert aber die Renditen, damit würde auch das Interesse von Investoren an Pflegeimmobilien sinken. Und wenn nicht mehr so viele Heime gebaut werden, dann muss sich die Gesellschaft mehr Gedanken machen über die Alternativen dazu.

Warum ändert sich das Vergütungssystem nicht?
Weil niemand, der es ändern könnte, daran interessiert ist. Wenn die Schwächen des Systems für alle sichtbar werden, wächst natürlich der politische Druck, wirklich etwas zu ändern. Und das wollen die Verantwortlichen nicht, weil sie dann auch Geld für diese Veränderung in die Hand nehmen müssten.

Und wenn sich etwas verändert, dann eher zum Schlechteren. So geschehen Anfang 2017, als aus drei Pflegestufen fünf Pflegegrade wurden. Die frühere Pflegestufe 3 entspricht jetzt den Pflegegraden 4 und 5. Aber den gleichen Personalschlüssel wie vorher gibt es nur bei Pflegegrad 5, nicht bei Pflegegrad 4. Das heißt, für einen Teil der Pflegebedürftigen ist die Situation durch die Reform auch in jenen Häusern schlechter geworden, die sich tatsächlich an die Vorgaben halten.

Welche Wirkung haben die beschriebene Situation und die Diskussionen darüber auf jene Fachkräfte, die einen guten Job in einem guten Pflegeheim machen und die dabeibleiben wollen?

Die Wirkung ist natürlich verheerend. Nicht nur schlechte Häuser, sondern auch Pflegekräfte, die jede Gaunerei mitmachen, ziehen das Image des ganzen Berufs in den Schmutz. Das ist extrem schade, weil viele den Job immer noch gerne machen. Und Pflegekräfte bekommen, wenn die Bedingungen stimmen, in ihrer täglichen Arbeit ganz viel zurück. Ich bin davon überzeugt, dass unter anderen Vorzeichen auch wieder mehr junge Leute bereit wären, diesen Beruf zu ergreifen als im Moment.

Kapitel 10

Die Kommunen als Akteure der Altenhilfe: Schwache Gegner im Kampf jeder gegen jeden

«... auch in Zukunft nur eine mehr oder weniger hilfreiche Nebenrolle.»

Wie konfliktbeladen und komplex die Position der Kommunen in der Pflege ist, führt uns das im Sommer 2019 verabschiedete «Angehörigen-Entlastungsgesetz» vor Augen: Erwachsene Kinder sind nur noch dann für ihre pflegebedürftigen Eltern unterhaltspflichtig, wenn sie mehr als 100 000 Euro im Jahr verdienen. Verfügen sie über weniger, und reicht die Rente des Pflegebedürftigen nicht für den Eigenanteil im Pflegeheim aus, muss das Sozialamt einspringen.

Laut Statistischem Bundesamt liegen 94 Prozent der Deutschen unter dieser Einkommensgrenze, sodass drastische Mehrkosten auf die Sozialämter und damit auf Städte und Gemeinden zukommen. Das Bundessozialministerium geht von 300 Millionen Euro jährlich aus, räumt aber ein, dass sich die genaue Summe nicht seriös voraussagen lässt, weil es «keine ausreichende Datengrundlage über den Personenkreis der erwachsenen Kinder, die für die Pflegekosten ihrer Eltern aufkommen» gibt. Der Deutsche Städtetag schätzt die Mehrkosten – ebenfalls ohne ausreichende Datengrundlage – auf bis zu eine Milliarde Euro.

Entsprechend harsch fielen die Reaktionen auf die Entscheidung der Politik aus. «Die Gedankenlosigkeit, mit der in Berlin das Angehörigen-Entlastungsgesetz auf Kosten der Kommunen beschlossen wurde, ist unbegreiflich», so Sören Link, Oberbürgermeister von Duisburg.

Zu wenig Gedanken gemacht hat sich die Regierung nach Ansicht der Städte nicht nur über die direkte Wirkung des Gesetzes – viel mehr Menschen beziehen Geld vom Sozialamt –, sondern auch über seine strukturellen Folgen. Die Befürchtung ist, dass Angehörige Vater oder Mutter schneller als bisher ins Heim verlegen, wenn dieser Schritt die Familie garantiert nichts kostet. Weil aber stationäre Einrichtungen gerade in den Städten schon heute voll besetzt sind, wächst durch zusätzliche Nachfrage der Druck, noch mehr Heime zu bauen und zu füllen – was die kommunalen Haushalte weiter belasten würde.

Dieser Konflikt zeigt wie durch ein Brennglas das Spannungsfeld, in dem die Städte seit Erfindung der Pflegeversicherung agieren. Und es zeigt, welch unglückliche Rolle sie dabei spielen.

Viele Städte wünschen sich wieder mehr Einfluss

Mit Einführung der Pflegeversicherung im Jahre 1995 wurden die Kommunen ein Stück weit entmündigt, indem sich Zuständigkeiten und Finanzierung von der lokalen auf die Bundes- und Landesebene verlagerten. Vielen Städten kam diese Entmündigung damals ganz gelegen. Wenn Pflegeversicherung und Pflegebranche massenweise Pflegedienste und Heime hervorbrachten, warum sollte man zusätzlich kommunale Strukturen erhalten oder schaffen?

In der zweiten Hälfte der 1990er Jahre setzten ohnehin alle auf Outsourcing, darauf, möglichst wenig selbst zu machen und möglichst viel von Externen zuzukaufen. Viele Städte zogen sich aus der Altenarbeit weitgehend zurück.

Doch spätestens ab 1999, als die zunächst gesunkenen Ausgaben für «Hilfe zur Pflege» wieder stiegen, dämmerte vielen Verantwortlichen, dass sie diese «Aufgabenteilung» am Ende teuer zu stehen kommen könnte, eine Angst, die nun mit dem Angehörigen-Entlastungsgesetz zur Gewissheit geworden ist.

Viele Städte wünschen sich mittlerweile wieder mehr Einfluss und mehr Gestaltungsspielraum, vor allem um ambulante, niedrigschwellige Hilfestrukturen zu stärken und die stationäre Pflege zumindest ein wenig zurückdrängen zu können. Doch dazu fehlen ihnen die erforderlichen Kompetenzen, Steuerungsinstrumente und das notwendige Geld.

Außerdem bremst das Subsidiaritätsprinzip die Kommunen systematisch aus. Der etwa hundert Jahre alte sozialpolitische Grundsatz besagt, dass sich der Staat und seine Institutionen nicht in Dinge einmischen dürfen, die auch Familien, Freunde oder Körperschaften wie Caritas und Diakonie leisten können. Mit Einführung der Pflegeversicherung wurde er bewusst auf private Anbieter ausgedehnt, um den «Wettbewerb» zu forcieren.

Das bedeutet auch, dass Kommunen von der Bereitstellung eigener Dienste und Einrichtungen absehen sollen, «wenn geeignete Angebote der freien Träger vorhanden sind, ausgebaut oder geschaffen werden können.»[103] Nur sind diese «geeigneten Angebote» nicht zwingend im Sinne der Städte und Gemeinden.

Das Dilemma könnte größer nicht sein: Einerseits legen sowohl ausländische Vorbilder als auch sämtliche heimischen Konzepte, Studien, Runden Tische, Bund-Länder-Kommissionen, Altenberichte etc. eine aktivere, bestimmende Rolle der Kommunen in der Pflege nahe. Andererseits sind die Spielräume für die Verwirklichung dieser Vision sehr klein.

Einerseits dürfen oder können Städte kaum eigene, niedrigschwellige Angebote vorhalten, andererseits müssen sie viel Geld für «Hilfe zur Pflege» von Heimbewohnern ausgeben.

Pflegekassen leisten massiven Widerstand

Den Appell, dieses Dilemma aufzulösen und eine Rekommunalisierung der Pflege einzuleiten, gab es von politischer Seite immer wieder. Zum Beispiel forderte Barbara Steffens, damals Gesundheitsministerin in Nordrhein-Westfalen, Anfang 2015, die Pflegeversicherung möge einen kommunalen Fonds für die Gestaltung altengerechter Wohnquartiere auflegen. Außerdem solle der Bund Modellversuche für Kommunen ermöglichen, die die Beratung von älteren Menschen und pflegenden Angehörigen komplett in eigener Regie organisieren wollten.

Genau dieses Konzept wurde mit dem Pflegestärkungsgesetz III (PSG III) auf den Weg gebracht: In Kapitel 7 habe ich beschrieben, dass bis zu sechzig Kommunen ab 1. Januar 2017 fünf Jahre lang Pflegebedürftige und ihre Familien in Eigenregie beraten sollen – bezahlt von den Pflegekassen.

Die lehnten schon im Vorfeld eine «Verschiebung von Zuständigkeiten und Beitragsgeldern von der Pflegeversicherung hin zu den Kommunen» ab. Ihr Spitzenverband forderte, es stattdessen bei der bisherigen Aufgabenverteilung zu belassen: Die Kommunen kümmern sich um die Infrastruktur, wie etwa altengerechte Busse, und die Kassen übernehmen die Beratung. Schließlich könne es nicht sein, «dass die Kommunen aus den Portemonnaies der Beitragszahler gesponsert werden».[104] Der Weg für eine sinnvolle Stärkung der Rolle der Kommunen liege nicht in der Verlagerung von Kompetenzen der Pflegeversicherung auf die Städte.[105]

Nachdem das Modellprojekt dennoch im Rahmen des Pflegestärkungsgesetzes III verabschiedet worden war, veröffentlichten die Pflegekassen jene Empfehlungen zur Kooperation mit den Kommunen bei der Pflegeberatung[106], die (auch) auf ihre Initiative Eingang in den Gesetzestext gefunden hatten. Demnach hat die Modellkommune einen Nachweis über die Zahl der durchgeführten Beratungseinsätze vorzulegen, wie auch über die erbrachte Anzahl an Pflegekursen inklusive Teilnehmerzahl mit Angabe der jeweiligen inhaltlichen Ausrichtung. Außerdem muss die Kommune nachweisen, wofür und wie genau sie die Mittel verwendet, und die Beratung darf nicht mehr als die Summe kosten, die auch die Pflegekasse abgerechnet hätte, wenn sie die Leistung weiterhin selbst erbracht hätte.

Schließlich sei eine Vereinbarung «zur Haftung für Schäden, die den Pflegekassen durch fehlerhafte Beratung der Modellkommunen entstehen, zu treffen».

Ob jemand Pflegeberatung bekommt, ist oft Glücksache

Dieser Katalog der Gängelung und Einschüchterung dürfte Städte kaum motivieren, sich an dem Modellversuch für Pflegeberatung zu beteiligen, sondern sie eher abschrecken.

Dabei wäre ihre Mithilfe aus Sicht der Betroffenen höchst willkommen. Denn ob jemand kompetente Pflegeberatung erhalten kann oder nicht, ist bisher Glücksache, weil vom Wohnort abhängig. Die dafür zuständigen Pflegestützpunkte – fünfhundert deutschlandweit – sind höchst ungleich verteilt. In Rheinland-Pfalz waren es im Mai 2019 135, in Schleswig-Holstein inklusive Außenstellen nur dreiunddreißig.

Die Geschichte führt uns erneut vor Augen, wie menschenfeindlich die Strukturen in Deutschlands Altenhilfe sind und welch ungute zentrale Rolle die Pflegeversicherung dabei spielt. Pflegebedürftige und ihre Familien wünschen sich eine ganzheitliche, unabhängige Beratung, eine, die ihre Bedürfnisse in den Mittelpunkt stellt und jede Hilfeleistung an ihnen orientiert. Doch anstatt gemeinsam mit den Kommunen solche Strukturen zu schaffen, verteidigen die Pflegekassen knallhart ihre finanziellen und machtpolitischen Interessen. Was den pflegebedürftigen Menschen und ihren Angehörigen nützt, spielt auf groteske Art und Weise keine Rolle.

Durch die Reform wurde nichts besser

Die Geschichte zeigt auch: Beim Kampf jeder gegen jeden, der in Deutschlands Altenpflege tobt, sind die Städte schwache Gegner.

Das Pflegestärkungsgesetz III hat die Situation nicht verbessert, im Gegenteil. Eine aktuelle Untersuchung zur Rolle der Kommunen in der Pflegepolitik kommt zu dem Ergebnis, dass «insbesondere das dritte Pflegestärkungsgesetz, das explizit auf die Stärkung der Kommunen abzielen sollte, in dieser Hinsicht weit hinter den Möglichkeiten und Erwartungen zurückgeblieben ist». Es habe den Kommunen weder für die Planung der Pflegestruktur noch bezüglich der Beratung von Pflegebedürftigen und ihren Angehörigen «wesentliche neue Instrumente oder Kompetenzen an die Hand gegeben.»[107]

Ein solches Instrument könnte nach Ansicht des Verfassers der Untersuchung die Revitalisierung der sogenannten Altenhilfe sein. Sie ist im Sozialgesetzbuch festgeschrieben und umfasst Unterstützungsleistungen, die von keinem anderen Akteur erbracht werden – niedrigschwellige Hilfen wie Wohnberatung oder Wohnungsanpassung, Tagesstrukturierung oder Freizeitangebote. In den meisten Städten führten solche Angebote aber ein Schattendasein.

Würde man die Altenhilfe zu einer kommunalen Pflichtaufgabe machen, heißt es weiter, und mit einem entsprechenden Budget ausstatten, könnten Kommunen wieder gezielt die sozialen Dienstleistungsangebote zur Verbesserung der Teilhabe älterer Menschen ausbauen.

Allerdings würden ohne eine substanzielle Übertragung von Kompetenzen und Ressourcen «die Kommunen auch in Zukunft nur eine mehr oder weniger hilfreiche Nebenrolle, zuweilen sogar nur eine Zuschauerrolle spielen können.»[108]

Die Lobby hat Angst vor erstarkenden Städten

Womit wir zum Anfang dieses Kapitels zurückkehren, zum Angehörigen-Entlastungsgesetz und seiner Wirkung. Die könnte möglicherweise auch darin bestehen, dass die Kommunen aus ebenjener Zuschauerrolle herausgerissen werden, sie sich genötigt sehen, Umzüge ins Pflegeheim wenn möglich zu verhindern.

Das jedenfalls befürchtet der Lobbyverband bpa e.V. Die Mehrkosten, die den Sozialhilfeträgern durch das Gesetz entstünden, dürften nicht dazu führen – so der Verband in einer Pressemitteilung –, dass Kommunen künftig ihre Pflegebedürftigen möglichst günstig versorgen wollten. Die Gleichberechtigung der Einrichtungen und Dienste müsse «zwingend gewahrt bleiben. Es darf keinerlei Versorgungssteuerung durch die Sozialhilfeträger geben.»[109]

In Dänemark und in Schweden passiert genau das: eine Versorgungssteuerung durch die Kommunen. Und mit diesem Ansatz sind uns die Skandinavier weit überlegen.

An ihrem Vorbild sollten wir uns orientieren und statt weiterer nutzloser Reformen einen kompletten Neustart wagen.

Tun wir es nicht, steuern wir mit unserem planwirtschaftlichen System fehlgeleiteter Zuteilung und seinen verheerenden

Folgen für Gepflegte wie Pflegende geradewegs in die Katastrophe.

Zu verdanken haben wir das Desaster der Pflegeversicherung. Sie sorgt dafür, dass immer mehr Heime entstehen, obwohl nur sechs Prozent der Deutschen freiwillig dort einziehen würden. Weil ihre Logik schlechte Pflege lukrativ macht – und weil sie gute, realistische Alternativen zur Heimunterbringung benachteiligt.

Doch in diesem Buch geht es sehr bewusst nicht nur darum, die Schwächen unseres Systems zu identifizieren. Sondern ich möchte auch zeigen, dass andere, bessere Lösungen für die Pflege längst umgesetzt werden.

Wie viel möglich ist, wenn alle an einem Strang ziehen, habe ich bei den Recherchen in Dänemark und Schweden erfahren. Von meinen eindrücklichen Erlebnissen in diesen Ländern handeln die nächsten beiden Kapitel.

Danach werde ich auch bemerkenswerte deutsche Ansätze für eine bessere Pflege vorstellen, aus Bielefeld, Leipzig, Münster und Mülheim.

Kapitel 11

Steuerfinanziert und in kommunaler Verantwortung: Wie Altenpflege in Skandinavien funktioniert

Um die Vorteile des nordeuropäischen Verständnisses von Altenhilfe und Sozialpolitik aufzuzeigen, habe ich bewusst Dänemark und Schweden ausgewählt: Dänemark, weil es das Selbstbild vom sorgenden, allein verantwortlichen Staat noch fast in Reinkultur widerspiegelt und praktisch umsetzt; Schweden, weil es dieses auch dort jahrzehntelang gehegte Prinzip aufgeweicht hat – und bemerkenswerte Erfahrungen damit macht.[110] Die skandinavischen Länder fingen schon in den späten 1960er Jahren damit an, dichte Netzwerke staatlicher Fürsorge aufzubauen – von der Kinderbetreuung bis zur Altenpflege. Familiengründung oder Pflegebedürftigkeit sind dort nicht Privatvergnügen beziehungsweise persönliches Schicksal, sondern ein Teil des Lebens, für den die Gemeinschaft aus Steuermitteln Sorge zu tragen hat.

Rehabilitation hat eine überragende Bedeutung

Zuständig und verantwortlich sind dabei die Kommunen. Sie schaffen und unterhalten Strukturen, teilen Leistungen zu und gewähren sie. Mit satt und sauber gab man sich dabei nie zufrieden, sondern es ging und geht immer um ein Altern in Würde. Die Menschen sollen möglichst lange ein möglichst selbstbestimmtes Leben führen können, eines, das ihre individuellen Bedürfnisse in den Mittelpunkt stellt. Und die gehen natürlich weit über eine rein erhaltende Pflege hinaus, beinhalten auch soziale Kontakte und körperliche Aktivierung.

Passend dazu existiert in Schweden und Dänemark eine generalisierte, hochwertige, zum Teil akademisierte Pflegeausbildung, die das Personal in die Lage versetzt, diesem Anspruch gerecht zu werden.

Einen zentralen Stellenwert hat dabei immer die Rehabilitation – die Verbesserung des körperlichen und mentalen Status eines Menschen unabhängig von seinem Alter.

Die Familie ist nicht per se zuständig

Nur auf den ersten Blick zwiespältig ist in Skandinavien die Beziehung zwischen Pflegekräften und der Familie des Patienten. Einerseits sollen Angehörige bewusst eingebunden werden und mitentscheiden, wenn es um den zeitlichen Ablauf der Betreuung oder eine mögliche Aufgabenteilung geht.

Andererseits: Zuständig für die Pflege ist ausdrücklich nicht die Familie, nicht der Partner, sondern die Kommune als Statthalter des Staates. Eine Prämie für Eigenleistung – wie das deutsche Pflegegeld – gibt es in Schweden oder Dänemark nicht. Wohl aber räumen einige Regionen die Möglichkeit ein, sich bei der Kommune anstellen zu lassen, um einen Angehörigen zu pflegen.

Das Delegieren an Profis ist im Norden nicht nur erwünscht, sondern auch notwendig, weil mehr Menschen als bei uns, vor allem mehr Frauen, berufstätig sind und sich schon deshalb weniger selbst kümmern können. Die hohe Erwerbsbeteiligung ist ausdrücklich gewünscht, weil sie die Steuerkassen füllt, um mit dem Geld dann (auch) eine professionelle Pflege bereitzustellen, die so wenig kostet, dass sie sich jeder leisten kann.

Auch in Skandinavien gibt es zu wenige Pflegekräfte

Systeme, die steuerfinanziert sind, die keine Pflegeversicherung kennen, keine Pflegegrade und keine Verrichtungsbezüge, sind deshalb natürlich nicht frei von Sollbruchstellen.

Schweden und Dänemark haben eine jüngere Bevölkerung als Deutschland, aber auch hier werden die Alten mehr und die Jungen weniger, was die Kosten für jeden Einzelnen steigen lässt. Außerdem funktioniert durchgängige Professionalisierung von Pflege nur, wenn genug Menschen in diesem Bereich arbeiten wollen. Daran hapert es nicht nur in Deutschland, sondern auch in Schweden und Dänemark. Auch dort gibt es zu wenige Pflegekräfte, auch in diesen Ländern haben die vorhandenen zu wenig Zeit und sind deshalb manchmal frustriert. Trotzdem sollte sich Deutschland beide Länder zum Vorbild nehmen. Das gilt vor allem für Dänemark.

Kapitel 12

**Dänemark: Ambulant vor stationär,
Rehabilitation statt Verelendung.
Und das alles aus einer Hand**

*«Dieses Training ist richtig hart –
aber es ist eben auch gut für mich.»*

Tondern, eine Kleinstadt fünf Kilometer nördlich der deutschen Grenze, an einem Mittwoch im Juli 2019.

Es ist sieben Uhr morgens. Der Zweckbau unweit des Ortskerns, in dem die ‹Heimpflege Tonder Ost› untergebracht ist, könnte ebenso gut der einer größeren Sozialstation irgendwo in Deutschland sein. Was zählt, ist nicht der Eindruck, sondern die Funktion: lange Flure, gleichartige Büros, leicht zu reinigende Böden. Und am Ende einer der Gänge jener etwa sechs mal sechs Meter große Mehrzweckraum, in dem die Einsätze für diesen Morgen besprochen werden. Etwa 25 Pfleger und Pflegerinnen – die weitaus meisten davon Frauen – sitzen an dem länglichen Konferenztisch in der Mitte des Raums oder jeweils zu dritt oder viert um einen der fünf Schreibtische an den Wänden. Viele tragen die gleichen praktischen beigen Jacken – das Erkennungszeichen der ambulanten Pflege in Tondern.

Die Möbel hier sind vermutlich schon eine Weile im Einsatz, und auch der letzte Anstrich der Wände liegt wohl schon länger zurück als ein paar Wochen, während Hard- und Software offenbar auf dem neuesten Stand sind. Große Flachbildschirme zeigen elektronische Patientenakten. Auf der linken Seite sind alle Informationen über Gesundheitszustand und Pflegebedarf aufgelistet, darunter aktuelle Vorkommnisse und Bedarfe außer der Reihe.

In der Spalte rechts finden sich Krankenberichte des Pflegebedürftigen und Telefonnummern von behandelnden Ärzten und Angehörigen – sofern der Betreffende deren Weitergabe zugestimmt hat.

Pflegefachkraft Nauja Wihlborg, die mich heute mitnehmen wird, kann all das auch unterwegs mit ihrem Smartphone checken oder auf einem Tablet, das sie wie alle ihre KollegInnen immer bei sich trägt.

Die Fünfunddreißigjährige mit den kurzen braunen Haaren, die den Job seit achtzehn Jahren macht – siebzehn davon in diesem Team –, ist trotz der Uhrzeit hellwach. Sie schaltet den Bildschirm aus, greift nach ihrer Tasche, sagt auf Deutsch «jetzt geht's los» und ist mit vier Schritten an der Tür.

Hier im Grenzgebiet sprechen fast alle zumindest ein bisschen und viele richtig gut Deutsch – so wie Nauja Wihlborg. Gelernt habe sie es nicht nur in der Schule, sondern auch durch die «Sesamstraße» und «Gute Zeiten, schlechte Zeiten», die hier wie alle ausländischen Programme im Original mit dänischen Untertiteln laufen.

Pflegebedürftigkeit ist kein Privatproblem

Das Wort Kommune, Gemeinde, steht in Dänemark für eine Stadt und ihr Umland – in diesem Fall ein ziemlich weitläufiges. «Tønder Kommune» ist die fünftgrößte von den 98 Kommunen des Landes. Ihre Fläche entspricht in etwa der eines deutschen Landkreises, ist aber mit 38 000 Einwohnern sehr dünn besiedelt.

Nauja – in Dänemark spricht man sich nur mit Vornamen an – und ihre Kolleginnen müssen also weit fahren, um auch Menschen zu versorgen, die auf dem Land in einem der abgelegenen Bauernhäuser leben. Vor einem solchen steigen wir jetzt aus unserem ziemlich neuen, komfortablen französischen Mini-SUV.

Nauja tippt eine Nummer in ihr Smartphone und hält es ans Türschloss, das sich daraufhin mit einem «Klack» öffnet. So ziemlich jeder in Dänemark, der einen Notrufknopf am Handgelenk trägt, hat auch ein elektronisches Türschloss, damit Helfer hineinkommen, wenn der Bewohner bewusstlos auf dem Teppich liegt oder so pflegebedürftig ist, dass er nicht mehr alleine die Tür öffnen kann.

Bei Freja Mikkelsen* ist das nicht der Fall. Die Sechzigjährige läuft noch durch ihr Haus, bewegt sich dabei aber wie in Zeitlupe, wirkt abwesend. Vor etwa zehn Jahren ist ein Blutgerinsel in ihrem Kopf geplatzt, seitdem braucht sie Hilfe beim Waschen, Frühstückmachen, Kämmen und bei einigen anderen alltäglichen Dingen. «Theoretisch könnte sie vieles auch allein», sagt Nauja. «Aber sie tut es nicht, weil ihr der Antrieb fehlt.» Um für diesen Antrieb zu sorgen, und um mitzuhelfen, kommt die Heimpflege zwei- bis dreimal am Tag zu ihr, je nachdem, ob ihr Mann, der aktuell für eine Woche auf der Jagd ist, arbeitet oder frei hat.

Schon hier wird das dänische Verständnis von Altenhilfe sichtbar. Pflege ist nicht wie in Deutschland ein Privatproblem, für dessen Lösung eine Versicherung und die Familie zuständig sind, sondern sie ist eine staatliche Leistung, die – im ambulanten Bereich – allen kostenlos zur Verfügung steht.

So wie Freja Mikkelsen, der Nauja jetzt, nachdem sie sie ge-

---

* Alle Patientennamen wurden zum Schutz der Persönlichkeit geändert.

badet hat, in der geräumigen Küche ein Brot mit jenen dünnen Schokoladescheibchen aus der berühmten gelb-roten Packung belegt, die in keinem dänischen Kühlschrank fehlen dürfen. Nebenbei unterhalten sich die beiden, wobei vor allem Nauja spricht und ihre Patientin nur mit knappen Bemerkungen antwortet.

Auch in Dänemark haben es Pflegekräfte eilig

Sich hinzusetzen, vielleicht gemeinsam eine Tasse Kaffee zu trinken, dazu haben auch dänische Pflegekräfte keine Zeit. Die Aufgaben müssen zügig erledigt werden, weil der Nächste schon wartet. Wobei das Verständnis dessen, was zu diesen Aufgaben gehört, ein anderes ist als in Deutschland, wie wir noch sehen werden. Allerdings: den Hund zu füttern, das gehört auch in Dänemark eigentlich nicht dazu. Trotzdem erledigt Nauja das noch, bevor wir aufbrechen, weil Freja Mikkelsens Mann nicht da ist.

Während wir weiter durch die flache dänische Provinz fahren, vorbei an Kühen und endlosen Feldern zum nächsten Einsatz, spricht Nauja Wihlborg über ihre Arbeit. Die ist anspruchsvoll und offensichtlich auch hektisch, trotzdem wirkt Nauja ebenso offensichtlich nicht gestresst. Sie macht den Job gerne, sagt sie, weil sie dabei viele Menschen trifft und auch, weil sie gerne Probleme löst.

Die Tür der nächsten Patientin – wieder ein abgelegenes Bauernhaus – öffnet sich ebenso magisch per Smartphone wie die erste. In der Diele schlüpfen wir mit den Schuhen in Plastiküberzieher, und als wir die gute Stube betreten, begreife ich innerhalb von Sekunden, warum. Ida Aargaard, 83, sitzt frisch frisiert und chic gekleidet in einem großen Sessel, an dem ihr Gehstock lehnt. Weniger als zwei Meter vor ihr läuft ein üppig großer Fernseher, dahinter geben zwei Fenster den Blick in den Garten frei. Der Raum ist riesig, links steht ein Rollator, dahinter die edle Sitzgarnitur im Stil der fünfziger Jahre, darüber ein buntes Gemälde. Teppichböden, Teppiche, Sessel, Tische: Alles ist extrem gepflegt und supersauber. Und so soll es eben auch bleiben.

Die Pflegekräfte dürfen kein Geld nehmen

Für diese Reinlichkeit hat keineswegs Nauja gesorgt, und sie hätte dazu auch keine Zeit. Pflegekräfte in Tondern dürfen alle zwei Wochen eine halbe Stunde aufs Putzen verwenden, ein Budget, mit dem sich vielleicht eine Einzimmerwohnung leidlich sauber halten lässt, aber kein weitläufiges Bauernhaus. Bis vor kurzem war hier noch doppelt so viel Zeit vorgesehen, aber Kostendruck und Sparrunden gibt es auch in Dänemark, und denen ist besagte halbe Stunde zum Opfer gefallen.

Wer mehr Raumpflege braucht und bezahlen kann, bekommt sie natürlich – aber nicht von den Mitarbeiterinnen der Kommune. Die dürfen kein Geld nehmen, nicht für die Pflege, und auch sonst für nichts.

Ida Aargaard bewältigt ihren Alltag noch zum größten Teil selbst. Vermutlich hilft auch der Sohn, der ebenfalls hier wohnt, aber jetzt schon im Büro ist und darüber hinaus sowieso «nie zu Hause», wie sie nicht ganz ohne Vorwurf sagt. Nauja setzt sich vor sie auf einen Hocker, zieht ihr Kompressionsstrümpfe an, greift dann aus einer Ecke ein Mini-Bike und stellt es vor sie hin. Sofort nachdem sie ihre Füße mit Riemchen in den Pedalen fixiert hat, fängt Ida an zu kurbeln, trainiert so jeden Tag Durchblutung, Herz und Beinmuskeln.

Jedem Dänen über 75 steht eine Viertelstunde Training pro Tag zu, das Prinzip Reha vor Pflege wird hier eben ernst genommen. Wie ernst, das werde ich eine Stunde später noch eindrucksvoll erleben – und auch, wie viel Erfolg die Dänen damit haben.

Spritzen setzen dürfen nur Pflegefachkräfte

Aber vorher müssen wir zu Mille Thorning. Die ist leicht dement und Diabetikerin, braucht dreimal täglich eine Insulinspritze. Als wir ankommen, liegt die 87-Jährige noch im Bett, Nauja zieht die Vorhänge zurück, setzt Mille im Bett auf, wäscht sie, gibt ihr eine Spritze. In Dänemark dürfen wie in Deutschland nicht alle Kräfte alles machen. Spritzen setzen und die Wochenration Medikamente sortieren zum Beispiel ist Assistentinnen wie Nauja vorbehalten, also Pflegefachkräften mit einer dreijährigen Ausbildung, die in Dänemark medizinisch sehr anspruchsvoll ist.

Alles andere erledigen auch Helferinnen, die eine kürzere Ausbildung durchlaufen haben. Vor allem für die Arbeit in den Heimen gibt es darüber hinaus angelernte Kräfte. Die sind höchst willkommen, denn auch in Dänemark leidet die Pflege massiv unter Personalmangel – gute Bezahlung hin, bessere Arbeitsbedingungen her.

Zur Toilette gehen und sich anziehen hat Mille alleine erledigt, jetzt sitzt sie in der Küche, vor sich der Teller mit zwei Scheiben Brot, daneben Käse und Marmelade, ein Glas Saft. Nauja zieht einen Schubschrank auf, checkt die Vorräte. «Für zwei oder drei Tage reicht es noch», so ihr Resümee. «Dann muss ich was mitbringen.»

Heute geht er wieder alleine die Treppe hoch

Der vierte Patient an diesem Tag, Lucas Petersen, ist aus medizinischer Sicht der Pflegebedürftigste von allen. Und er ist der lebensfrohe, willensstarke Beweis dafür, dass das Prinzip ambulant vor stationär auch umsetzbar ist, wenn Menschen viel Unterstützung brauchen, und dass Rehabilitation wahre Wunder bewirken kann.

In das Haus eingelassen haben wir uns wieder selbst. Durch den Vorraum und die kleine Küche geht es in den Flur und schließlich ins Schlafzimmer. Lucas liegt im Bett, auf dem Regal daneben eine Apparatur, über der an einer Halterung durchsichtige, etwa dreißig mal dreißig Zentimeter große Kunststoffbeutel hängen. Lucas Petersens Nieren arbeiten nicht mehr richtig, er ist dialysepflichtig. Als Nauja ihn anspricht, antwortet er sehr leise, hebt kaum den Kopf. Die Pflegerin setzt ihn langsam auf, trennt den Dialysebeutel vom Katheter, hilft ihm aus dem Bett, stellt ihn auf eine Waage. Dann geht sie in die Küche, wirft die Kaffeemaschine an, räumt die Spülmaschine aus und befüllt die Waschmaschine. Zehn Minuten später erscheint Lucas, angezogen, setzt sich an den Küchentisch. Innerhalb einer Minute wird klar, dass er weit weniger hinfällig ist als zunächst angenommen. Er redet munter drauflos, in gebrochenem Deutsch, seine verstorbene Frau war auf einer deutschen Schule, und von ihr hat er offensichtlich einiges gelernt. Mit der Dialyse, da bekomme er natürlich Unterstützung, aber das meiste könne er auch selbst – dank intensiver Schulung. Während er spricht, bellt und quengelt sein kleiner Hund immer nachdrücklicher, er will offensichtlich auch ein Frühstück. Nauja löst sich vom Küchenboard, will ihn füttern. Doch Lucas ist schon aufgestanden, sagt: «Ich mach das schon.»

Derart beweglich war er nicht immer, im Gegenteil. Vor einem Jahr ging es ihm so schlecht, dass er nicht mehr alleine die Treppe in den ersten Stock hochkam, ins Badezimmer. Unten gibt es nur eine Toilette. In Deutschland hätte ihn diese Situation vermutlich ins Heim genötigt. Aber in Dänemark laufen die Dinge eben anders. Hier kommt einmal pro Woche ein Physiotherapeut bei Lucas vorbei, übt Treppensteigen mit ihm und einiges mehr. Zusätzlich fährt Lucas ebenfalls wöchentlich ins Krankenhaus, absolviert dort eine Art Fitness für Ältere. Dieses Training sei zwar richtig hart, sagt er, aber es sei eben auch gut für ihn. Auf die Frage, seit wann er die Treppe nach oben wieder alleine schafft, antwortet er ohne zu überlegen: «Seit Januar!» Und strahlt dabei über das ganze Gesicht.

Es ging darum, Konflikte zu vermeiden

Wir müssen weiter. Nauja sagt «Moin», wie in diesem Teil Dänemarks zum Abschied üblich, und wir sind durch die Tür. Ob Lucas nur Kaffee trinke oder nicht auch was essen wolle, frage ich draußen. «Doch, natürlich», sagt Nauja. «Aber darum kümmert er sich lieber selbst.»

Bis zu unseren letzten Patienten für diesen Vormittag sind es nur wenige Minuten. Das Ehepaar Söjberg, beide um die achtzig, lebt in einem wunderschönen großen Haus, dessen rückwärtige Fensterfront zum Garten hin fast die ganze Breite des Wohnzimmers einnimmt.

Die beiden Bewohner begrüßen uns in der Küche, beide wirken rüstig und entspannt. Auch hier wird ein wenig eingerostetes Deutsch hervorgekramt – die Schulzeit liegt eben schon eine Weile zurück. Während wir plaudern, frage ich mich, was es in diesem Haus für Nauja zu tun geben könnte. Hilfe- oder gar pflegebedürftig wirkt hier jedenfalls niemand.

Die Antwort darauf ist wieder typisch dänisch. Nauja geht mit Torben Söjberg nach hinten ins Badezimmer, wo er sich das Oberhemd auszieht und sie ihm zwei kleine Pflaster auf den Rücken klebt, die ein Arzneimittel über die Haut abgeben. Der ganze Vorgang dauert weniger als fünf Minuten.

Als wir wieder im Auto sitzen, denke ich laut darüber nach,

ob diese kleine Aufgabe nicht auch seine Frau erledigen könnte. Theoretisch ja, so die Antwort, und das habe sie früher auch gemacht. Nur war ihr Mann irgendwann nicht mehr zufrieden mit dem Ergebnis, es gab Konflikte zwischen den beiden. Und deshalb macht es jetzt der Pflegedienst, was Nauja Wihlborg völlig richtig und normal findet. Denn in ihrem Verständnis – und in dem fast aller Dänen – ist Altenpflege schlicht eine staatliche Aufgabe. Bei uns dagegen fühlen sich viele Angehörige eben doch in der Pflicht, wenn jemand in der Familie Pflege braucht. Dieses Sich-zuständig-Fühlen vieler Ehefrauen, Töchter und Schwiegertöchter ist in Deutschland hochwillkommen und erwünscht, auch wenn das niemand so sagt. Denn ohne solche Opferbereitschaft könnten viele Pflegebedürftige in Anbetracht der unzureichenden Leistungen aus der Pflegeversicherung gar nicht zu Hause versorgt werden.

Als ich auf dem Weg zurück in die Sozialstation über das deutsche Pflegesystem berichte und über den immensen bürokratischen Aufwand, der bei uns allen Beteiligten abverlangt wird, ernte ich Kopfschütteln. Nauja musste in den fünf Stunden, die wir zusammen auf Tour waren, nichts unterschreiben lassen und auch nichts dokumentieren; das tut sie nur bei Unvorhergesehenem, zum Beispiel wenn sich die Situation eines Patienten verschlechtert hat. Dann bekommt er Besuch eines «Visitators», eines städtischen Sachverständigen, der sich die Situation ansieht und gegebenenfalls neu bewertet.

Die Kommune verwendet Hilfsmittel nicht nur ein Mal

Auch nach unserer Rückkehr in die Sozialstation gibt es für Nauja nichts am PC zu erledigen. So hat sie Zeit, mir eine weitere «Spezialität» des dänischen Pflegesystems zu zeigen; wieder etwas, das furchtbar naheliegend und vernünftig ist. Dennoch ist es in Deutschland nicht denkbar, obwohl sich damit viel Geld sparen ließe.

Eine breite Stahltür auf der Rückseite des Gebäudes führt in eine circa 25 mal 25 Meter große Halle mit geräumigen, durch breite Gänge voneinander getrennten Stahlregalen, die bis unter die Decke reichen.

Hier lagern sämtliche Gerätschaften, die in der Altenhilfe und -pflege benötigt werden: Pflegebetten, Rollstühle, Rollatoren, Gehhilfen aller Art, Aufrichthilfen, Patientenlifter, Toilettenstühle, Fahrräder mit drei Rädern und, und, und. Nebenan gibt es eine Werkstatt und einen Hygieneraum, in dem alles in einer Art Waschkabine gereinigt und desinfiziert werden kann. Diese zum Teil sehr teuren Hilfsmittel gehören der Kommune, die sie repariert und aufbereitet, um sie so häufig wie möglich einsetzen zu können.

Auch in Deutschland werden viele Rollstühle und anderes wiederverwendet, allerdings geschieht dies nicht systematisch, und die Entscheidung dafür oder dagegen hängt eher vom Zufall ab. Krankenkassen mieten solche Hilfsmittel in der Regel beim Sanitätshaus vor Ort. Verstirbt der Pflegebedürftige, müssen die Angehörigen den Rollstuhl eigentlich zurückgeben. Doch die Krankenkassen kontrollieren fast nie, ob dies wirklich geschieht, und den Sanitätshäusern ist es oberhalb einer gewissen Mindestnutzungsdauer egal, sie haben ihr Geld verdient. So landet vieles im Keller oder im Müll, anstatt ein zweites Mal benutzt zu werden. Den Beitragszahlern gehen auch auf diese Weise enorme Summen verloren.

In Dänemark will und kann man solche Verluste vermeiden, weil es nur ein einziges Budget gibt und einen einzigen Bezahler: die Kommune. Die betreibt auch die Pflegeheime. Eins davon werde ich mir am nächsten Tag ansehen.

Alle Bewohner haben Zugang zur Terrasse

«Mosbølparken» liegt zwanzig Kilometer nördlich von Tondern in der Gemeinde Skærbæk. In dem weitläufigen, eingeschossigen Gebäudekomplex sind vier Wohnbereiche durch breite, helle Flure miteinander verbunden, immer wieder geht der Blick nach draußen. Die Wände im Innern zieren mehrere Reihen waagerechter Holzleisten, dazwischen hängen viele Bilder und ziemlich große Briefkästen. Am Ende eines der Gänge ist ein kleiner Friseursalon eingerichtet. Sich hier die Haare machen zu lassen, ist nicht im Heimpreis inbegriffen. Aber es ist günstig, wie man mir versichert.

Nach diesem ersten Rundgang treffe ich Heimleiterin Jytte Damgaard Lorenzen in ihrem Büro. Sie spricht frei von der Leber weg, und zwar – typisch dänisch – auch über Preise und Kosten.

Im «Mosbølparken» leben – auch wenn das Gebäude nach sehr viel mehr aussieht – 42 Bewohner. Für Dänemark sei das eine mittlere Größe, sagt Damgaard Lorenzen. In Deutschlands Heimen wohnen im Durchschnitt 73 Menschen.

Die Plätze hier sind begehrt, es gibt eine Warteliste, die nach Dringlichkeit sortiert ist. Das Heim und seine Leiterin haben keinen Einfluss darauf, wer als Nächstes einzieht.

Ähnlich wie bei uns ist der Preis, den die Bewohner bezahlen, zweigeteilt. Pflege und Verpflegung kosten zusammen 553 Euro monatlich. Dieser Betrag ist für alle gleich. Hinzu kommt die Miete, deren Höhe sich nach der Größe der Wohnung und den Einkommensverhältnissen des Bewohners richtet. Maximal sind es 6000 Kronen – 804 Euro – woraus sich ein Gesamtbetrag von 1357 Euro ergibt. Allerdings bezahlt diesen theoretischen Höchstpreis in Mosbølparken niemand, die meisten überweisen zwischen 800 und 900 Euro im Monat, so die Heimleiterin.

Es gibt kaum noch Bewerbungen aus Deutschland

Diese Zahl ist vor allem dann bemerkenswert, wenn man sie in Relation zu Jytte Damgaard Lorenzens Budget setzt. Die Heimleiterin bekommt pro Bewohner etwas mehr als 3000 Euro monatlich, um ihr Personal zu bezahlen, wobei die Nachtpflege und die Arbeit in der Küche zusätzlich vergütet werden.

Mittelmäßige Fähigkeiten im Kopfrechnen genügen, um sich klarzumachen, dass die Heimunterbringung für die Kommune eine sündteure Angelegenheit ist – und damit für den dänischen Steuerzahler. Grund genug, alles zu tun, damit die Menschen so lange wie irgend möglich in den eigenen vier Wänden leben können.

Größtes Problem ist auch in Dänemark die Personalknappheit. Und obwohl ausgebildete Pflegekräfte hier etwa 4600 Euro brutto verdienen und Hilfskräfte 4300 Euro bei 37 Wochenstunden, also deutlich mehr für ihre Arbeit bekommen als bei uns, gingen nur noch selten Bewerbungen aus Deutschland ein, erzählt Damgaard Lorenzen. Polnische Pflegekräfte, die hätte sie immer wieder mal, aber auch das seien viel weniger als früher.

Ein Grund dafür sind sicher die niedrigen Arbeitslosenzahlen in diesen Ländern, so Damgaard Lorenzen, ein anderer, dass Dänisch so schwer zu erlernen ist. «Außerdem sprechen wir hier in Tondern einen Dialekt, der die Sache auch nicht einfacher macht.»

Nach dem Gespräch mit der Heimleiterin zeigt mir eine ihrer Mitarbeiterinnen mehr vom Haus. Die Tür gegenüber vom Haupteingang führt in die Tagespflege, einen etwa zwölf mal fünf Meter großen Raum, der jetzt, morgens um halb neun, noch verwaist ist. Links gibt es eine Küchenzeile, dann durch Stellwände voneinander getrennte Zonen für das gemeinsame

Essen, für Fernsehen, Spielen und Lesen. Auf der Rückseite geht es hinaus auf die Terrasse. Die Tagespflege ist ein kostenloses Angebot der Kommune, lediglich für das Essen müssen die Besucher bezahlen.

Dann betreten wir die Küche des ersten Wohnbereichs, wobei es sich eher um einen Speisesaal mit Küchenzeile handelt. Warm gekocht wird hier nicht, das übernimmt eine zentrale Großküche. An drei Tischen sitzen Bewohner und frühstücken. Die meisten von ihnen brauchen offensichtlich viel Unterstützung, einige sitzen im Rollstuhl.

An meinem Tisch bin ich zunächst alleine, trinke starken Kaffee. Dann erscheint eine Bewohnerin, setzt sich mir gegenüber. Als sie hört, dass ich aus Deutschland bin, erzählt sie von ihrer Tochter in Berlin.

Dann taucht Volker Wünsche auf, ein Deutscher, ursprünglich aus Hannover, der vor 42 Jahren auf Sylt eine Dänin kennenlernte, die ihn mit in ihre Heimat nahm. Diese Geschichte erzählt er mir innerhalb von zehn Minuten dreimal. Obwohl leicht dement, fährt Volker Wünsche jeden Tag – jedenfalls wenn es nicht regnet – mit dem Fahrrad in den Ort, um an einem Kiosk die deutsche *Bild*-Zeitung zu lesen. Und er findet problemlos wieder zurück. Bisher jedenfalls.

Nach dem Frühstück besuchen wir Ellen Carstensen. Sie ist 88 und noch sehr fit im Kopf, hört und sieht aber schlecht, trägt ein Korsett, weil sie seit ihrer Jugend Probleme mit dem Rücken hat, raucht circa zehn Zigaretten pro Tag und bewegt sich auf den Rollator gestützt durch ihr Apartment. Das sieht so aus wie die anderen hier im Heim. Im vorderen Teil die kleine Küchenzeile, Platz für einen Tisch, der Zugang zur Terrasse, die den gesamten Gebäudekomplex umläuft. Im hinteren Teil das Bett und ein geräumiges Bad. Wer will, kann beides mit einem Vorhang so trennen, dass eine kleine Zweizimmerwohnung entsteht.

Ellen Carstensen allerdings verzichtet darauf. Über dem Bett, das sie von zu Hause mitgebracht hat, weil sie schon so lange so gut darin schläft, hängen unzählige gerahmte Fotos: Hochzeitspaare, kleine und größere Familien, Mütter mit Kindern jeden Alters, Kinder ohne Mütter, sie im Kreise der Ihren und so weiter.

Vier Kinder, acht Enkel und sechs Urenkel: Das sei zwar wundervoll, aber sich die vielen Namen zu merken und sie auseinanderzuhalten, das falle ihr mittlerweile doch schwer.

Was auch an den Wänden hängt, sind bunte Stickereien, die sie früher mit Leidenschaft selbst gemacht hat. Wegen der Augen geht das heute nicht mehr. Die Zeitung liest sie mit Hilfe eines Vergrößerungsgeräts, das aussieht wie ein alter Overheadprojektor und auch so ähnlich funktioniert.

Ellen Carstensen erzählt viel, zwischendurch schlägt sie sich auf die Brust, stampft mit den Füßen auf, eine Botschaft, die ich auch ohne Übersetzung verstehe: Sie möchte noch so vieles machen, dabei sein, und ist wütend, dass sie die Kraft und die Fitness dazu nicht mehr hat. In diesem Haus aber fühlt sie sich sehr wohl.

Die Standards sind höher, die Preise niedriger

Tatsächlich scheint Tondern bei der Altenhilfe vieles richtig zu machen. Nach einer Reihe von unangemeldeten Prüfungen Anfang 2018 bekamen sowohl kommunale ambulante Dienste als auch Heime Bestnoten.

Natürlich bedeutet das bis hierhin Beschriebene nicht, dass es sich in dänischen Heimen grundsätzlich und immer besser lebt als in deutschen. Aber die Standards sind eindeutig höher; bei uns ist ein normales Pflegeheimzimmer nicht nur kleiner, es hat auch keine Küchenzeile. Dänen setzen auch hier soweit es geht auf Selbstbestimmung, auf Hilf-dir-selbst. Und sie setzen auf Rehabilitation: In Mosbølparken gibt es einen kleinen Fitnessraum, in dem Bewohner auf Heimtrainern strampeln und dabei hinaus ins Grüne schauen können.

Und vor allem: Dänische Pflegeheime kosten nur ein Viertel bis ein Drittel dessen, was bei uns verlangt wird – je nachdem, welches Bundesland man zum Vergleich heranzieht.

«Für uns ist es wichtig, dass sich ein Leben im Heim wirklich jeder leisten kann», sagt Aase Koch, die mir etwas später im Büro der Heimleitung gegenübersitzt. Sie ist seit neun Jahren als «Fagchef», als Dezernentin für den gesamten Pflegebereich in Tondern zuständig – vorher hatte sie diese Position drei Jahre lang in einer anderen Kommune inne – und verantwortet ein jährliches Budget von mehr als 45 Millionen Euro. Dieses Geld stammt zum einen aus den in Dänemark relativ hohen eigenen Steuereinnahmen der Kommune, zum anderen aus einem Zuschuss des Staatshaushalts, über dessen Höhe einmal im Jahr verhandelt wird.

Gemessen daran, dass Tondern nur 38 000 Einwohner hat, klingen 45 Millionen zunächst nach viel Geld. Doch der Eindruck relativiert sich schnell, wenn Aase Koch aufzählt, was sie davon alles bezahlen muss. Da sind zunächst die präventiven Hausbesuche, die in Dänemark allen ab 75 zustehen und bei denen geprüft wird, ob Unterstützungsbedarf besteht. Ist das der Fall, schickt die Kommune Nauja Wihlborg, mit der ich am Tag zuvor unterwegs war, oder eine ihrer KollegInnen regelmäßig und kostenlos vorbei.

Von zehn Heimen wird nur eines privat betrieben

Private ambulante Dienste, wie wir sie kennen, gibt es in Tondern nicht, weil sich mit ihnen in Anbetracht der hohen Standards und der weiten Wege in der Kommune kein Geld verdienen ließe.

Was es gibt, sind Anbieter von Haushaltshilfen. Erfüllen sie bestimmte Kriterien, muss die Kommune sie zulassen und mit ihnen abrechnen, allerdings zu festgelegten Preisen.

Gleiches gilt für private Pflegeheime, und es gibt in Tondern sogar eines. Das gehörte früher der Kommune. Als die sich mit dem Gedanken trug, das etwas abgelegene Haus zu schließen, weil sie den Bedarf dafür nicht mehr sah, sammelten Anwohner Geld, gründeten eine Betreibergesellschaft und führen das Heim jetzt privat weiter. Aase Koch stellt hier das gleiche Budget bereit wie für die eigenen Häuser, die geforderten Standards und die Preise für die Bewohner sind ebenfalls die gleichen.

Tondern selbst betreibt neun Heime mit zusammen 327 Plätzen. Das größte hat siebzig, drei Häuser weniger als dreißig Bewohner, was «finanziell aber im Grunde keine gute Lösung ist», wie Aase Koch unumwunden zugibt – zu ineffizient.

Außerdem stellt die Kommune 37 Kurzzeitpflegeplätze bereit, die Nutzer zahlen hier lediglich die Verpflegung. Elf dieser Plätze dienen der Rehabilitation von Menschen, die zum Beispiel gestürzt sind, im Krankenhaus waren und einige Wochen im Heim trainiert werden, um sie anschließend wieder nach Hause zu entlassen – im Idealfall. Wer dann noch unsicher ist, wie es mit ihm weitergehen soll, kann sogar eine Weile im regulären Heim probewohnen.

Ebenfalls nicht kostendeckend: das städtische Essen auf Rädern. Denn die damit Versorgten bezahlen das Menü, nicht aber die Anfahrt durch die weitläufige Kommune.

Bei den Kosten belügen wir uns selbst

Kostenlose ambulante Versorgung, Reha, Essen auf Rädern, Kurzzeitpflege und für jeden bezahlbare Heimplätze: das klingt nach Luxus und ist es auch. Aber für Aase Koch, Pflegedezernentin von Tondern, hat der Staat, hat die Gesellschaft die Pflicht, für eine angemessene, würdevolle Betreuung alter Menschen zu sorgen. Und die Mehrheit ihrer Landsleute sieht das genauso.

Ich weiß natürlich, welcher Einwand an dieser Stelle reflexhaft vorgebracht wird: dass das dänische System sicher leistungsfähig und menschenfreundlich sei, aber – leider, leider – zu teuer. Doch diese Einschätzung hält einem genauen Blick auf die Zahlen nicht stand, so Cornelia Heintze. Die Stadtkämmerin a. D. hat für die Abteilung Wirtschafts- und Sozialpolitik der Friedrich-Ebert-Stiftung die Pflegesysteme fünf nordischer Länder mit dem deutschen verglichen.[*]

Ja, Dänemark gibt mehr für Altenpflege aus als Deutschland, so ihre Analyse, aber der Unterschied sei längst nicht mehr so groß, wie er einmal war.[**] Viel wichtiger aber: Für Gesundheit insgesamt – also einschließlich Pflege – gibt Dänemark relativ weniger aus als Deutschland.[***] Und auch die durchschnittlichen Gesundheitsausgaben aller fünf nordischen Länder, Dänemark,

[*] Dr. Cornelia Heintze publiziert fachübergreifend im Bereich international vergleichender Staats- und Wohlfahrtsforschung und beschäftigt sich dabei auch intensiv mit Kranken- und Altenpflege.

[**] Dänemark gab 2016 2,78 Prozent seines Bruttoinlandsprodukts für Altenpflege aus, Deutschland 1,91 Prozent.

[***] Dänemark gab 2016 10,18 Prozent seines Bruttoinlandsprodukts (BIP) für Gesundheit aus, Deutschland 11,13 Prozent. Bemerkenswert dabei: Von 2016 auf 2017 sind diese Kosten in Deutschland gestiegen, in Dänemark gesunken. Quelle: Eurostat.

Schweden, Norwegen, Finnland und Island, sind kleiner als unsere.[111]

Ein Grund für die bei uns vergleichsweise niedrigen Pflege- und zugleich hohen Gesundheitskosten, so Heintze, liege in der ständigen Verlagerung von Ausgaben vom einen in den anderen Bereich. «Wenn Heimbewohner zweimal pro Jahr für zwei Wochen ins Krankenhaus verlegt werden müssen, weil sie die vielen Psychopharmaka nicht vertragen haben, dann treibt das die Gesundheitskosten natürlich in die Höhe.» Gleiches gelte für jene Fälle, in denen Menschen infolge der Pflege eines Angehörigen zu Hause krank werden, nicht mehr arbeiten können und über längere Zeit medizinisch behandelt werden müssen. Auch diese Kosten tauchten in den reinen Pflegeausgaben nicht auf, wohl aber in den gesamten Gesundheitsausgaben.[112]

Außerdem: Wenn wie in Deutschland relativ viele Menschen zu Hause Angehörige pflegen, anstatt Erwerbsarbeit zu leisten, gehen dem Staat Steuern und Sozialabgaben verloren. Würde man auch diesen Effekt einberechnen, fiele der Vergleich mit Skandinavien noch ungünstiger für unser Pflegesystem aus.

All das ändert allerdings nichts daran, dass Altenpflege auch in Dänemark teuer ist. Und dass sie in Zukunft noch teurer wird, weil sich auch dort niemand dem demographischen Wandel entziehen kann. Weniger Junge, mehr Alte, die immer länger leben und deshalb immer häufiger pflegebedürftig werden, das hat zur Folge, dass immer mehr Geld in diesen Bereich fließen muss.

Dieses Geld muss irgendwo herkommen. Das führt zu den üblichen Verteilungskämpfen. Aase Koch: «Die einen sagen, wenn wir weniger Kinder haben, dann brauchen wir ja auch weniger Schulen und Kindergärten, und dann haben wir mehr Geld für die Alten. Aber die Eltern sehen das natürlich ganz anders und wehren sich vehement dagegen.»

Solche Verteilungskämpfe kennt man auch in Schweden, allerdings reagiert man dort anders darauf als in Dänemark. Wie genau, und welche Folgen das für die Menschen hat, das habe ich mir in Örebro 200 Kilometer westlich von Stockholm angesehen.

Kapitel 13

Schweden: Von der Staatsaufgabe zur Privatisierung – und wieder ein Stück zurück

«Es kommen viel zu oft neue Leute, und denen muss ich dann jedes Mal wieder erklären, was sie machen müssen.»

E igentlich hatte Schweden lange mehr noch als Däne-mark das Image eines Vorzeige-Sozialstaats, der stets darum bemüht war, Lebensrisiken soweit es irgend geht durch staatliche Fürsorge und Betreuung abzufedern. Das galt auch und besonders für die Altenpflege. Zu Zeiten, in denen bei uns noch Gemeindeschwestern auf informeller Basis das Allernötigste besorgten, existierte in Schweden bereits ein Netzwerk großzügiger und systematisch gewährter häuslicher Hilfen.

Doch Mitte der 1990er Jahre liefen die Kosten für diesen Ser-vice aus dem Ruder oder zumindest gewann die Politik diesen Eindruck. Es wurde zum Teil restriktiver bewilligt, Leistungen zurückgefahren oder durch informelle Pflegearrangements er-setzt. Bereits davor hatte man das kommunale Pflegemonopol aufgegeben, also den Bereich auch für Non-Profit- und Profit-Unternehmen geöffnet, den Pflegebedürftigen zugleich das Recht eingeräumt, ihren Dienstleister frei zu wählen.

Anders als in Dänemark betraf diese Öffnung ausdrücklich auch die Heime, mit der Folge, dass internationale Investoren den schwedischen Pflegemarkt als lukratives Betätigungsfeld entdeckten. Sie hofften, davon zu profitieren, dass Schweden einen noch höheren Anteil seines Wohlstands für Pflege auszugeben bereit war als Dänemark.

Bis heute ist der Anteil privater Heimbetreiber und ambulanter Dienste am gesamten schwedischen «Markt» allerdings deutlich kleiner als in Deutschland – und regional sehr unterschiedlich.

Zwei Pfleger für fünfzig alte Menschen

Auch in Örebro hat diese Entwicklung stattgefunden. In der Stadt leben 115 000 Einwohner, bezieht man das Umland mit ein, sind es 150 000. Auch hier gibt es seit Jahren eine kommunal-privat gemischte Pflegelandschaft. Diese Landschaft gerät aktuell spürbar in Bewegung. Folge und zugleich Motor dieser Bewegung sind eine Reihe von Reformen, die die Kommune für 2020 beschlossen hat. Auch wenn sich die Verhältnisse regional unterscheiden, ist das im Folgenden Beschriebene tendenziell typisch für die Situation im Land.

Die stationäre Pflege in und um Örebro hatte in jüngster Zeit immer wieder in der Kritik gestanden. Ende Mai berichtete *Aftonbladet* über ein Heim aus einer Kleinstadt hundert Kilometer südlich von Örebro, in dem ein Bewohner nachts allein mit gebrochenem Bein auf dem Flur gefunden worden war. Überschrift des Artikels: «Zwei Pfleger für fünfzig alte Menschen.» Betreiber des Hauses ist ein Privatunternehmen, das nicht zum ersten Mal für seine Personalpolitik kritisiert wurde.

Schweden hatte und hat also ebenso wie Deutschland mit den Folgen der teilweisen Privatisierung von Pflegeleistungen zu kämpfen. Der wichtige Unterschied ist nur, dass die Verantwortlichkeiten und das Verhältnis der Akteure zueinander völlig anders sind als bei uns. In Deutschland kann eine Kommune

nicht darüber befinden, ob Private ein Heim oder einen Pflegedienst betreiben, weil sie nicht der «eigentlich für diese Aufgabe
Verantwortliche» ist. Anders in Schweden. Dort ist die Kommune zuständig, genau wie in Dänemark. Privatfirmen sind hier
gewissermaßen Outsourcing-Partner: Wer sie beauftragt, kann
die Regeln bestimmen.

Ambulante Pflege kostet maximal 280 Euro im Monat

Über diese Regeln hat man in Örebro zuletzt intensiv diskutiert,
vor allem über die Regeln für ambulante Dienste.

Prinzipiell arbeiten die sehr ähnlich wie im dänischen Tondern: Es gibt einen kommunalen Hilfemanager, der über Umgang und Art der Hilfen entscheidet. Bewilligt wird, was der
Hilfemanager für notwendig hält, wobei der Patient ein erheb-
liches Mitspracherecht hat. Das können zwanzig oder sogar
dreißig Stunden pro Woche sein. In jedem Fall soll die Kalku-
lation sicherstellen, dass Pflege zu Hause nicht teurer wird als
ein Platz im Heim. Wobei für die letzten Tage und Wochen eines
Menschen eine Rund-um-die-Uhr-Versorgung in der eigenen
Wohnung – unabhängig von den Kosten – möglich ist. Aus der
eigenen Tasche bezahlt der Pflegebedürftige für die Versorgung
zu Hause in jedem Fall maximal 280 Euro pro Monat.

Auch in Schweden stehen Hilfe zur Selbsthilfe und Rehabilitation ganz oben auf der Agenda, auch hier ist es erklärtes Ziel,
Fortschritte zu erzielen und nicht nur Zustände zu verwalten.
Was das praktisch bedeutet, erzählt mir in Örebro Astrid Westin[*], zu der mich eine Mitarbeiterin des kommunalen Pflegedienstes mitnimmt. Die 78-Jährige hatte vor zehn Jahren einen
Schlaganfall und leidet unter Rheuma, deshalb ist sie auf einen

---

[*] Alle Patientennamen wurden zum Schutz der Persönlichkeit geändert.

Rollator angewiesen und kann ihre Hände nur eingeschränkt bewegen.

Dreimal pro Tag kommen die HelferInnen des Pflegedienstes zu ihr, zweimal pro Woche fahren sie mit ihr raus, um spazieren zu gehen.

Und sie bringen Astrid einmal pro Woche in eine Reha-Einrichtung, wo sie ihre Bewegungsfähigkeit trainiert und die Hände in warmem Sand vergräbt. Sie könnte sogar zweimal dorthin, aber «das geht sehr früh los und man muss ja auch erst mal aus dem Bett kommen», wie sie lächelnd sagt.

Mit der Unterstützung durch die Kommune ist sie insgesamt zufrieden, alle gäben sich viel Mühe und seien wirklich nett zu ihr. «Aber es kommen viel zu oft neue Leute, und denen muss ich dann jedes Mal wieder erklären, was sie machen müssen.» Ihr Wunsch wäre, dass nicht immer alles schnell schnell gehen muss, dass die Pflegekräfte insgesamt mehr Zeit haben – auch um sich mit ihr zu unterhalten.

Pflege sollte effizienter werden

Was Astrid Westin als gestiegenen Zeitdruck wahrnimmt, ist auch Folge einer 2012 eingeführten Zeitmessung, die an die deutsche Pflegeversicherung und ihren Verrichtungsbezug erinnert. Der Pflegemanager bestimmt mit einem Computerprogramm den Zeitbedarf für notwendige Tätigkeiten wie Duschen oder Anziehen. Aus der Summe dieser Zeiten ergibt sich dann der Gesamt-Unterstützungsbedarf, zugeteilt in Paketen von drei Stunden, sieben Stunden, fünfzehn Stunden und so weiter.

Vor 2012 wurde ohne Messungen eine Anzahl von Stunden genehmigt. Innerhalb dieses Rahmens konnten die Pflegekräfte leisten, was sie für erforderlich und sinnvoll hielten. «Diese Freiheit wurde aber nicht selten missbraucht, Pflegedienste und ihre Kunden verbrachten die Zeit auch mit Dingen, die nicht im Sozialdienstgesetz stehen und deshalb eigentlich nicht abrechenbar sind», erzählt mir Hanna Schwager, die bei der Kommune für medizinische Rehabilitationsmaßnahmen verantwortlich ist. Wobei Gespräche und Zuwendungen, die nicht unter das Sozialdienstgesetz fallen, keineswegs ausgeschlossen sind, der Pflegemanager kann sie als eigenständige Leistungen bewilligen.

Weil es schwierig ist, in der Pflege Geld zu verdienen und zugleich den Menschen und ihren Bedürfnissen gerecht zu werden, passen kommunale und private ambulante Pflege «eigentlich gar nicht zusammen», findet Hanna Schwager.

Sie ist längst nicht allein mit dieser Meinung. Deshalb versucht die Kommune jetzt, die Privatisierung ein Stück weit zurückzudrehen, auch weil in Örebro mittlerweile zu viele Pflegedienste am Markt sind, als dass sie sich noch kontrollieren ließen. Bei einem Gutteil dieser «Dienste» handelt es sich lediglich um Angehörige, die sich von der Kommune dafür bezahlen lassen, dass sie ihren Großvater pflegen.

Aus elf ambulanten Diensten werden fünf

Kontrollen und Steuerung sind auch deshalb nötig, weil die Stadt einspringen muss, wenn ein von ihr beauftragter Privater nicht liefert oder pleitegeht, wie es in der Vergangenheit mehrfach geschehen ist.

Um solche Risiken zu senken und die ambulante Versorgung wieder besser in den Griff zu bekommen, will die Politik die Anzahl ihrer ambulanten Partner senken.

Mittel zum Zweck ist ein neuer Kriterienkatalog, der ab 2020 für alle gilt und ganz bewusst hohe Qualitätsstandards festlegt.

Mit Hilfe einer Ausschreibung wird die Kommune jene fünf

privaten, professionellen Pflegedienste auswählen, mit denen sie künftig ausschließlich zusammenarbeitet – bisher sind es elf.

Und auch von der genau berechneten Dauer für Duschen und anderes verabschiedet man sich wieder, stattdessen soll pro Patient und Tag wieder ein Zeitkorridor gelten, der in einem gewissen Rahmen flexibel nutzbar ist.

In der stationären Pflege in Schweden sind die Zuständigkeiten genauso verteilt wie in der ambulanten: Die Kommune bestimmt jene Standards, an die sich sowohl eigene als auch beauftragte Betriebe halten müssen. Dass auch diese Standards ähnlich sind wie die in Dänemark, davon konnte ich mich im kommunalen Heim «Ängens vårdboende» überzeugen. Hier leben 52 Bewohner auf vier Etagen, zwei davon für Menschen mit Demenz. Die Anlage ist großzügig angelegt, es gibt Fernsehzimmer mit Sofas, mehrere große Balkone, einen kleinen Kinoraum mit Beamer. Auch hier sind die Zimmer eher Apartments mit Einbauküche und großem Bad. Und auch hier werden die Bewohner systematisch trainiert, um ihre Bewegungsfähigkeit und ihre Fitness soweit es geht zu erhalten.

Es gab nicht genügend Inkontinenzmaterial

Ich kann keine Aussage darüber treffen, ob in Örebro kommunale Heime grundsätzlich besser sind als private. Allerdings berichtete mir eine Mitarbeiterin im «Ängens vårdboende», sie habe früher in einem Haus gearbeitet, das die Kommune irgendwann an einen privaten Betreiber verkaufte. Von diesem Zeitpunkt an sei dort an allen Ecken und Enden gespart worden. Beim Wechsel des Inkontinenzmaterials zu zweit habe es nur noch für eine Mitarbeiterin Einweghandschuhe gegeben, die andere musste ohne arbeiten. Und auch das Inkontinenzmaterial selbst habe oft nicht gereicht. Bis auf zwei Kolleginnen hätten sehr bald alle von ihrem Recht Gebrauch gemacht, in ein kommunales Heim zu wechseln.

Aktuell gibt es in Örebro 22 Altenheime, drei davon werden privat betrieben. Ein weiteres kommunales Heim war bei meinem Besuch Ende Mai 2019 im Bau.

Pflege braucht keinen Pseudo-Wettbewerb

Die wichtigsten Fragen, die sich für mich aus den beiden Reisen in den Norden ergeben haben, lauten: Was können, was sollten wir für unsere Altenpflege unbedingt von den Dänen und den Schweden lernen? Und was lässt sich nicht auf Deutschland übertragen?

Von den Dänen können wir erstens lernen, dass Pflege keine gewinnorientierten Heime und keine Bepreisung jedes Handgriffs braucht, um zu funktionieren, ja dass im Gegenteil fast alles besser läuft, wenn es beides nicht gibt. Zweitens: Wenn keine Gewinne abgezweigt werden müssen, bleibt mehr für die alten Menschen übrig: mehr Pflege, mehr Zeit, mehr Zuwendung. Drittens: Ohne das in Kapitel 4 beschriebene Dreieck aus Pflegekasse, Pflegedienst und Pflegebedürftigem entstehen weder irrsinnige Bürokratie noch chronisches Misstrauen, noch Kontrollwahn bei dennoch stattfindendem Betrug. Weil es für Betrug schlicht kein Motiv gibt.

Als ich Aase Koch, der Pflegedezernentin im dänischen Tondern, über das deutsche Pflegesystem berichtete, stellte sie die entscheidende Frage: «Wie kann es funktionieren, wenn es so viele Akteure gibt?» Antwort: gar nicht. Und es funktioniert ja auch nicht.

Was ebenfalls schlecht funktioniert, ist eine Kombination aus öffentlicher, steuerfinanzierter und privatwirtschaftlicher

Altenpflege. Das ist die erste Lehre aus den Erfahrungen der Schweden. Die zweite: Wer sich eingesteht, dass er den falschen Weg eingeschlagen hat, der sollte und der kann auch wieder gegensteuern, wie es die Schweden aktuell versuchen. Voraussetzung dafür ist allerdings jene Rollenverteilung, die nicht nur in Schweden und Dänemark, sondern auch in anderen nordischen Ländern existenzieller Teil des öffentlichen Bewusstseins ist. Danach ist grundsätzlich der Staat – meist in Gestalt der Kommunen – für die Finanzierung, Planung und Zuteilung sozialer Aufgaben zuständig. Die Ausführung kann er selbst übernehmen oder delegieren, er bleibt aber in jedem Fall verantwortlich. Und er bestimmt die Regeln.

In Deutschland existiert dieses Bewusstsein nicht, ja es gibt sogar eine Übereinkunft, die dem widerspricht. Gemeint ist das in Kapitel 10 beschriebene Subsidiaritätsprinzip, das für den Wandel der Strukturen extrem hinderlich ist, weil einerseits Sozialverbände und Privatunternehmen gerne auf dieses Prinzip pochen, andererseits manche Kommune sich mit Verweis darauf aus zu vielem heraushält.

Dass irgendwann auch bei uns in der Pflege die Städte wieder überall das Heft in der Hand halten, ist zwar im Moment schwer vorstellbar, aber nicht unmöglich. Das Beispiel der Niederlande im nächsten Kapitel zeigt, wie sich die Kommunen stärken lassen, wenn man einige Regeln ändert.

Kapitel 14

Niederlande: Eine Jahrhundertidee verändert (fast) alles

«Es geht darum, nur so viel zu bezahlen, dass die Bedürfnisse des Klienten befriedigt werden können.»

Im Gegensatz zum familienbasierten Ansatz in Deutschland betrachten die Niederländer ähnlich wie die Dänen und Schweden Pflege vor allem als staatliche Aufgabe. Nur elf Prozent der Menschen halten es für selbstverständlich, dass im Fall der Fälle die Familie beziehungsweise das soziale Netzwerk die Pflege übernimmt. Und lange verlangte das von den Angehörigen auch niemand.[113]

Aber in den Niederlanden gibt es eine verpflichtende Pflegeversicherung, und das bereits seit 1968. Die bezahlt für alte, behinderte und chronisch kranke Menschen sowohl die ambulante Grund und Behandlungspflege als auch die Versorgung im Heim. Bis 2006 war sie außerdem für Haushaltshilfen wie Einkaufen zuständig und dafür, dass Menschen, die zu Hause gepflegt wurden, mit Hilfsmitteln versorgt waren.

Lange funktionierte dieses System ziemlich gut. Dreh- und Angelpunkt waren bis in die 1980er Jahre Gemeindeschwestern, die unbürokratisch halfen oder Hilfe besorgten, die vernetzten, organisierten und immer ein offenes Ohr hatten. Bezahlt wurden sie von der Pflegeversicherung.

Nur war dieses System ziemlich teuer, was auch daran lag,

dass die niederländische anders als die deutsche Pflegeversicherung Vollkaskoschutz bot, also ihre Leistungen nicht nach oben deckelte.

Die Unzufriedenheit bei den Mitarbeitern wuchs

Auf der Suche nach Einsparmöglichkeiten bog die Regierung dann 1993 ähnlich spektakulär falsch ab wie ihre deutschen Nachbarn zwei Jahre später, traf zwei Entscheidungen, die vor allem in ihrer Wechselwirkung verheerend waren. Erstens kreierte man zwanzig sogenannte Pflege-Produkte mit jeweils festgelegten Preisen. Zweitens war jetzt für viele Tätigkeiten nicht mehr der teure Einsatz ausgebildeter Krankenschwestern vorgeschrieben.

In der Folge entstanden viele private, gewinnorientierte Unternehmen und große, völlig undurchschaubare regionale Strukturen. Viele Aufgaben erledigten jetzt auch un- oder angelernte Kräfte. Die Pflegequalität sank, die Arbeitsbedingungen wurden immer schlechter, was auch an der absurd komplexen Bedarfsplanung und extrem strikten Ziel- und Zeitvorgaben lag. Entsprechend groß war die Unzufriedenheit unter den Mitarbeitern, viele Fachkräfte verabschiedeten sich aus der Pflege.

Kein EU-Land gab mehr für Langzeitpflege aus

Hinzu kam, dass durch die «Reform» die Kosten der Pflege nicht etwa gesunken, sondern weiter gestiegen waren – und zwar drastisch. Auch weil zu viele Menschen in die traditionell gut ausgestatteten niederländischen Heime zogen, Folge davon, dass der Staat zu wenig in die Fitness und Unabhängigkeit alter Menschen investiert hatte. Nirgendwo in der EU wurde um die

Jahrtausendwende mehr Geld für Altenpflege ausgegeben als in den Niederlanden.

Aus dieser Situation heraus entstand 2006 die gemeinnützige Organisation Buurtzorg (Nachbarschaftsbetreuung). Gründer war ein kleines Team um Jos de Blok, langjähriger Krankenpfleger und früher Geschäftsführer eines traditionellen Pflegedienstes. Sie wollten die herrschenden Verhältnisse so reformieren, dass individuelle, bedarfsgerechte Pflege wieder möglich würde.

Um das zu erreichen, stellten sie sich die Frage, warum das vorhandene System so endlos kompliziert war und so ineffizient und wie man das ändern konnte. Die erste Antwort lautete: indem wir statt unterschiedlicher Preise für Produkte, die schwer voneinander abzugrenzen sind, einfach den Durchschnitt aller dieser Preise nehmen und ihn als Stundensatz ansetzen. Die zweite Antwort: indem wir dafür sorgen, dass die Menschen unabhängiger werden und so lange wie möglich alleine klarkommen.

Dazu wollte Buurtzorg Familie und Freunde des Klienten stärker in seine Versorgung einbinden und Netzwerke knüpfen, die so viele Knoten hätten, dass jeder Einzelne von ihnen nur minimal belastet würde.

Kommunen bekamen mehr Verantwortung

Zu diesem Ansatz passte, dass ab 2007 soziale Dienstleistungen, Freizeitangebote, Essen auf Rädern oder hauswirtschaftliche Hilfen nicht mehr von der Pflegeversicherung, sondern aus Steuermitteln bezahlt und von den Kommunen gemanagt werden mussten.

Denen wurde ein vergleichsweise großer Spielraum eingeräumt, um Hilfebedürftigen mehr Teilhabe zu ermöglichen.

Und diesen Raum füllte Buurtzorg mit seinem unbürokratischen, zugewandten, kleinräumigen Ansatz.

Teams von maximal zwölf ausgebildeten Pflegekräften organisieren den gesamten Pflegeprozess, planen Arbeit und Weiterbildung autonom, entscheiden selbst, wen sie wenn nötig noch dazuholen. Jedes Team betreut in einem Einzugsgebiet von 5000 bis 10 000 Einwohnern vierzig bis fünfzig Klienten.

Mit seinem Konzept – maximale Selbststeuerung, wenig Bürokratie, fast kein mittleres Management – spart Buurtzorg nicht nur Overheadkosten, es ist auch atemberaubend attraktiv. Das Unternehmen wurde in den Niederlanden mehrfach zum Arbeitgeber des Jahres gekürt. Unzählige Mitarbeiter wechselten von anderen Anbietern zu Buurtzorg.

Vieles spricht dafür, dass die große Reform der Pflegefinanzierung 2015 diesen Erfolg noch befördert hat. Dabei ging es vereinfacht gesagt darum, die noch immer hohen Kosten für die Versorgung dauerhaft Pflegebedürftiger zu senken, indem man alles dafür tut, dass auch diese Menschen so lange wie möglich zu Hause wohnen können. Einen Platz im Heim bekommen seitdem nur noch Patienten mit «erheblichem Unterstützungsbedarf», und die müssen einen höheren Eigenanteil leisten.

Die Zuständigkeiten der Kommunen wurden mit der Reform noch einmal erweitert – vor allem in der Aktivierung und sozialen Betreuung. In der ambulanten Pflege ist das soziale Umfeld – Angehörige, Freunde – stärker in der Pflicht.

Auch wenn es sich bei der Reform im Kern um eine Sparmaßnahme handelte, unterstützte sie in ihrer Wirkung den Buurtzorg-Ansatz einer möglichst individuellen, selbstbestimmten Versorgung zu Hause.

Die Politik hat längst erkannt, dass dieser Ansatz nicht nur beliebt, sondern auch effizient und kostengünstig ist.

Ziel ist nicht, möglichst viel Leistung zu verkaufen

Deshalb vertraut sie dem mittlerweile größten ambulanten Pflegedienst des Landes, der auch bei den Klienten höchste Zufriedenheitswerte erreicht, mehr denn je. Statt einer externen Organisation übernimmt heute Buurtzorg auch die Pflegebedarfsplanung. Was den Vorteil hat, dass keine langfristig bewilligten Leistungspakete abgearbeitet werden wollen – ein Fehlanreiz weniger.

Außerdem rechnet Buurtzorg nicht mehr nach einzelnen Leistungen ab, sondern pauschal nach Stunden – und intern nach Kosten pro Klient und Monat. Es gehe darum, genau so viel zu bezahlen, dass die Bedürfnisse des Klienten befriedigt werden können, so Buurtzorg-Gründer Jos de Blok. Und nicht mehr.

Dieser Ansatz lässt sich nur mit einem gemeinnützigen, nicht gewinnorientierten Unternehmen umsetzen, weil es nicht das Ziel hat, jedem so viel Leistung wie möglich zu verkaufen. Buurtzorg muss lediglich kostendeckend arbeiten, und das gelang – nach eigenen Angaben – vom ersten Tag an.

Die Idee hat viele Nachahmer gefunden

Im Jahre 2019 arbeiteten in den Niederlanden 14 000 Menschen für die Organisation, und jedes Jahr kommen hundert bis hundertfünfzig Teams dazu.

Mit seinem Erfolg und seiner Größe hat Buurtzorg nicht nur ein enormes mediales Echo ausgelöst, sondern auch viele Nachahmer rund um den Globus gefunden. Vergleichbare Ansätze gibt es mittlerweile in Schweden, Großbritannien, Japan und Taiwan, wobei die beiden letztgenannten mit der Umsetzung am weitesten sind.

Auch nach Deutschland hat es die Idee geschafft, bis August 2019 waren hier sechs Buurtzorg-Teams entstanden.

Eines davon habe ich in Münster besucht. Und ich sprach mit Johannes Technau, Geschäftsführer von Buurtzorg Deutschland. Für ihn ist das Konzept aus den Niederlanden «die einzige Innovation in der Pflege, die nicht piepst und blinkt».

Kapitel 15

Münster: Wie die Buurtzorg-Idee auch in Deutschland funktionieren kann

«Es macht einfach Spaß, sich selbst zu kümmern.»

V or meiner Reise nach Münster war ich der Meinung, dass Buurtzorg vermutlich zu stark mit den beschriebenen Zwängen kollidiert, um bei uns Erfolg zu haben. Nach meinem Besuch dachte ich das immer noch. Aber ich dachte auch, dass der Ansatz vielleicht gerade deshalb das Potenzial hat, unsere Pflege radikal zu verändern.

Schon das Büro des Teams in der Sophienstraße unweit des Hauptbahnhofs sieht insofern etwas anders aus als das anderer Pflegedienste, als es hier nur in einem von drei Räumen einen Schreibtisch mit genau einem Computerarbeitsplatz gibt, daneben hat das Team noch einen Tablet-PC. Gegenüber der kleinen Küche liegt ein nur unwesentlich größerer Besprechungsraum mit einem quadratischen Tisch, an dem neun Menschen Platz haben, wenn sie etwas zusammenrücken.

An diesem Morgen ist Anna Lange allerdings die Einzige. Sie wird mich mitnehmen zu einer Klientin, mir die Arbeit von Buurtzorg aus der Nähe zeigen. Anna spricht von Klienten, weil sie den Begriff am passendsten findet. Eine klare Vorgabe für die Bezeichnung gibt es im Team allerdings nicht.

Wäre ich nicht dabei, würde die 31-Jährige per Rad zum Einsatz fahren. Stattdessen geht es jetzt mit dem Auto nach Gievenbeck, einem Stadtteil westlich des Zentrums. Hier lebt Helene Wambacher*, neunzig Jahre alt, in einer weitläufigen, modernen Wohnanlage.

«Da fühlt man sich einfach unwohl.»

Wie nicht anders erwartet, handelt es sich um eine glückliche Klientin, was allerdings nur zu schätzungsweise einem Viertel an der Arbeit von Buurtzorg liegt. Ein weiteres Viertel – mindestens – verdankt Helene Wambacher ihrer Fähigkeit, das Leben von der positiven Seite zu sehen, obwohl sie in letzter Zeit nicht immer Grund dazu hatte. Sie erlitt mehrere Wirbelbrüche, wurde operiert, kann dennoch ohne ihren Rollator nicht mehr stehen – von Laufen gar nicht zu reden.

Wenn sie jetzt auf der Eckbank im Wohnzimmer sitzt und von ihrer Situation erzählt, klingt Helene Wambacher aber keineswegs verzweifelt. Tatsächlich kann sie gemessen an ihrer Pflegebedürftigkeit noch vergleichsweise intensiv am Leben teilnehmen. Das liegt vor allem an ihrer Wohnsituation, dem dritten Viertel zum Glück. Die Anlage, in der sie lebt, ist «altengerecht», also komplett barrierefrei. Im Erdgeschoss gibt es ein Wohncafé, in dem sie zu Mittag isst, und wo sie zweimal pro Woche drei Nachbarn zum Doppelkopfspielen trifft.

Zu guter Letzt ist sie froh und glücklich darüber, finanziell gut versorgt zu sein und sich deshalb neben dem Pflegedienst regelmäßig weitere Unterstützung leisten zu können, zum Beispiel beim Reinigen der Wohnung.

Und dann sind da noch Anna Lange und deren KollegInnen von Buurtzorg. Wobei die positiven Dinge, die sie über den Dienst aufzählt, eigentlich Selbstverständlichkeiten sein soll-

---

* Alle Patientennamen wurden zum Schutz der Persönlichkeit geändert.

ten – es aber in Deutschlands ambulanter Pflege nicht sind. Die MitarbeiterInnen des Pflegedienstes, die die Neunzigjährige vorher betreuten, waren nicht nur ständig in Eile und unfreundlich, sondern auch offensichtlich zerstritten. «Immer zog eine über die andere her. Da fühlt man sich einfach unwohl.»

Bei Buurtzorg scheine man sich untereinander zu verstehen, außerdem hätten alle einfach mehr Zeit, und «es läuft viel unkomplizierter. Wenn mein Rücken mit Salbe eingerieben werden muss, dann machen die das einfach. Der vorige Pflegedienst fragte immer zuerst nach dem Rezept.» Weil diese Leistung nur bei ärztlicher Verordnung der Salbe vergütet wird.

Buurtzorg will den Wahnsinn vereinfachen

Ohne es zu wissen, hat Helene Wambacher mit den Stichworten «Zeit» und «Rezept» gewissermaßen jene Themen angesprochen, um die sich bei der Arbeit von Buurtzorg Deutschland alles dreht, und über die wir auf der Rückfahrt ins Büro sprechen.

Anna Lange ist ausgebildete Krankenschwester, hat anschließend ihr Abitur nachgeholt und gerade ein Masterstudium in Beratung Mediation Coaching an der Fachhochschule Münster abgeschlossen. Für Buurtzorg arbeitet sie seit November 2018, ist in ihrem Team so etwas wie die Prima inter Pares, indem sie fünfzehn Stunden pro Woche und damit die Hälfte ihrer Arbeitszeit auf «Teammanagement» verwendet. Unter diesen Begriff fällt ungefähr alles, was nicht Pflege ist. Jeder im Team muss sich daran beteiligen, nur sind es bei den KollegInnen nicht so viele Stunden wie bei Anna Lange.

Die erzählt mir, wie mühsam es ist, durch das absurd komplizierte Abrechnungssystem in der ambulanten Pflege durchzublicken, unterscheiden zu können, was die Pflegekasse und was die Krankenkasse bezahlt, zu verstehen, dass es Geld für das Sortieren der Medikamente gibt, aber nicht für das Verabreichen, was deshalb zusammen mit dem vergüteten Anziehen der Kompressionsstrümpfe geschehen sollte, will man den Klienten nicht umsonst im Sinne von unbezahlt aufgesucht haben.

Langfristig soll der Buurtzorg-Ansatz genau diesen Wahnsinn vereinfachen. Aber weil sich das in Deutschland herrschende System diesem Ansatz noch widersetzt, gestalten sich die Dinge für Lange und ihre Kolleginnen und Kollegen aktuell eher noch komplizierter als für andere Pflegedienste. Denn bei Buurtzorg rechnen sie die Grundpflege mit der Pflegekasse nach Stunden ab und die Behandlungspflege mit der Krankenkasse nach Verrichtungen – zu denen auch das Einreiben mit einer Salbe gehört. «Diese doppelte Abrechnung ist hochkomplex, und wir wissen offen gesagt selbst noch nicht genau, ob das Ganze unterm Strich aufgeht», sagt Anna Lange. Will sagen: Ob ihnen der Ansatz jene zeitlichen Freiräume verschafft, die sie brauchen, um sich von anderen unterscheiden zu können, um nicht immer gehetzt zu sein wie die Mitarbeiter anderer Pflegedienste – und trotzdem schwarze Zahlen zu schreiben.

Fünfzig Euro pro Stunde würden ausreichen

Am besten ließe sich beides zusammen mit einem einheitlichen Stundensatz für sämtliche Leistungen erreichen. Das würde auch die Abrechnungen drastisch vereinfachen. Nach Ansicht der deutschen Buurtzorg-Macher käme das Unternehmen dabei mit fünfzig Euro pro Stunde zurecht.

Viele andere Pflegedienste wünschen sich im Gegensatz dazu gar keine stundenweise Bezahlung der Behandlungspflege, weil sie am Verrichtungsbezug besser verdienen – und dafür den bürokratischen Aufwand in Kauf nehmen.

Mittlerweile sind wir zurück im Büro in der Sophienstraße.

Buurtzorg hatte hier nicht neu gegründet, sondern einen bestehenden Pflegedienst, dessen Inhaber in Rente ging, übernommen und umbenannt.

Zwei der früheren Mitarbeiter seien dabei «mit dem Neuen einfach nicht klargekommen», wie mir jetzt eine von Anna Langes Kolleginnen erzählt. «Weil sie sich nicht darauf einlassen wollten.» Wir sitzen zu sechst um den Tisch im Besprechungsraum und diskutieren über das «Neue», darüber, was die Arbeit bei Buurtzorg so sehr von der bei anderen Pflegediensten unterscheidet. «Die Haltung ist einfach eine andere», sagt die einzige männliche Pflegekraft im Raum und meint damit weniger die Haltung den Pflegenden gegenüber, sondern mehr den Umgang mit Kollegen und mit dem – nicht vorhandenen – Mittelmanagement der Firma.

«Wozu seid ihr eigentlich hier?»

Bei Buurtzorg werden die Dinge im Team besprochen und im Team entschieden. Wobei das nur gelingen könne, wenn man nicht «ziellos herumlabert», sondern «lösungsorientiert kommuniziert». Da sind sich alle einig.

Eine solche Kommunikation fand schließlich auch bezüglich der beiden nicht ganz so anpassungsbereiten Mitarbeiter statt, und die Lösung bestand darin, sich von ihnen zu trennen. Das sei zwar unerfreulich gewesen, aber unvermeidlich.

Auch über Neueinstellungen entscheidet maßgeblich das Buurtzorg-Team, dessen Mitglieder sich sichtlich über die neue Rolle freuen. Weil es «einfach Spaß macht, sich selbst zu kümmern» und weil «ich dabei Fähigkeiten an mir entdeckt habe, die ich vorher gar nicht kannte», so Anna Langes Kollege.

Besondere Fähigkeiten, vor allem im kommunikativen Bereich, sind auch im Umgang mit den Klienten gefragt, weil auch die sich nicht alle sofort und widerspruchslos auf «das Neue» einlassen. Viele wünschen sich statt Hilfe zur Selbsthilfe schlicht Dienstleistung. «Wozu seid ihr eigentlich hier, wenn ich mir jetzt die Augentropfen selbst verabreichen soll?», solche Sätze hören die Buurtzorg-MitarbeiterInnen immer wieder. Oder: «Macht ihr das mal, wenn ich das selbst mache, dauert das viel zu lange.»

Ich bezahle, ihr liefert – dieser schlichten Konsumdenke begegnen die Buurtzorg-Mitarbeiter mit Geduld, aber auch mit Selbstbewusstsein. Anna Lange: «Es kostet viel Zeit, mit den Menschen über unseren Ansatz zu sprechen und sie mitzunehmen. Und man sollte auch nicht enttäuscht sein, wenn das nicht bei allen gelingt.» Im Extremfall müsse man sich auch mal von einem Klienten trennen.

Der Gedanke fällt insofern leicht, als das noch sehr kleine Team aktuell mehr Anfragen hat, als es bedienen kann. Buurtzorg in Münster beschäftigte im August 2019 acht Mitarbeiter, maximal sollen es elf bis zwölf werden. Die noch fehlenden zu finden, dürfte trotz chronischem Personalmangel in der Pflege nicht schwierig sein, zumal die Angestellten hier 300 bis 400 Euro netto mehr verdienen als bei anderen Pflegediensten.

Das Geld für den Start des Experiments Buurtzorg Deutschland mit seinen im August 2019 sechs Teams stammt aus drei Quellen. Erstens natürlich von «Stichting Buurtzorg», der Trägergesellschaft in den Niederlanden, zweitens von Gunnar Sander, einem Pflegeunternehmer aus dem westfälischen Emsdetten, und drittens von Stefan Dyckerhoff, einem ehemaligen IT-Manager, der heute unter anderem Managing Director beim kalifornischen Wagnisfinanzierer Sutter Hill Ventures ist.

Auch die Kassen suchen nach Lösungen

Strukturell besteht Buurtzorg Deutschland aus zwei Teilen: Erstens der Buurtzorg Nachbarschaftspflege, einer gemeinnützigen Gesellschaft, die alle vorhandenen und zukünftigen Teams unterstützt. Und zweitens aus einer Holding, die das Lizenz- und Beratungsgeschäft übernehmen wird, und die mit Workshops, Trainings und mit der Bereitstellung von IT-Infrastruktur auch Geld verdienen soll.

Ob und wie sehr das in Deutschland noch ziemlich kleine Pflänzchen in den Himmel wachsen und sich auch in der Fläche weiter ausbreiten kann, weiß aktuell niemand.

Die Chancen dafür halte ich aus drei Gründen für ziemlich groß. Erstens gibt es immer mehr Pflegebedürftige, die individuell und kompetent versorgt werden wollen, die Nachfrage nach dem Buurtzorg-Angebot wird also weiter deutlich steigen. Zweitens: Um diese zu bedienen, braucht es vor allem ausreichend viele, ausreichend motivierte MitarbeiterInnen. Auch hier hat Buurtzorg gute Argumente auf seiner Seite: gute Bezahlung, weniger Zeitdruck und weniger Bürokratie als in anderen Pflegediensten, dafür mehr Eigenverantwortung.

Drittens wächst der Druck auf die Kostenträger weiter. Die Verantwortlichen wissen natürlich um die Probleme in Deutschlands Altenpflege, und sie suchen nach Lösungen.

Das gilt auch für Dirk Ruiss, Leiter der Landesvertretung des Verbandes der Ersatzkassen in Nordrhein-Westfalen. Der vdek vertritt mehr als sechs Millionen Versicherte und ist auch für Pflege zuständig. Er unterstützt die Buurtzorg-Idee ausdrücklich, hat mit den sechs Teams in NRW einen Vertrag geschlossen, der die beschriebene Abrechnung der Grundpflege nach Zeit möglich macht. Und der bundesweite Spitzenverband der Krankenkassen finanziert die wissenschaftliche Begleitung dazu.

Dirk Ruiss stellt mehr den personalpolitischen und weniger den pflegepolitischen Aspekt von Buurtzorg heraus. Die Ideen aus den Niederlanden könnten vor allem die Zufriedenheit der Pflegenden erhöhen, und davon profitierten dann auch die Gepflegten.

Natürlich spiele daneben auch die Art der Abrechnung eine Rolle, und Ruiss würde sich wünschen, auch die Behandlungspflege nach Stundensätzen abrechnen zu können. «Ich bin mir allerdings nicht sicher, ob wir mit Pauschalen alles bereitstellen können, was die Pflegebedürftigen brauchen.» Dazu müsse auch die Politik insgesamt mitgehen und sich «über das System neue Gedanken machen». Will sagen: mehr Geld für Pflege ausgeben.

Davon abgesehen bräuchte der Buurtzorg-Ansatz Zeit und seine Protagonisten Geduld. Dirk Ruiss: «In den Niederlanden sind der Quartiersgedanke und der korporative Ansatz schon viel länger in den Köpfen als bei uns. Einige Buurtzorg-Vertreter werden sich verheben, wenn sie glauben, dass Familie, Freunde, Nachbarn und die Pflegebedürftigen selbst – also einfach alle – sofort und problemlos mitziehen.»

Nach dem folgenden Interview mit dem Geschäftsführer von Buurtzorg Deutschland berichte ich über das «Bielefelder Modell». Es beweist, wie erfolgreich sich Umzüge ins Heim reduzieren lassen, wenn eine Stadt sich diesem Ziel verschreibt.

«Wir sind die einzige Innovation in der Pflege, die nicht piepst und blinkt.»

Ein Gespräch mit Johannes Technau

Mit dem Geschäftsführer von Buurtzorg Deutschland habe ich über systembedingtes Misstrauen, die Rolle der Familien und darüber gesprochen, warum er die Hoffnung auf echten Wandel für realistisch hält.

Herr Technau, die Politik tut sich enorm schwer damit, Strukturen in der Pflege zu verändern, obwohl die Probleme seit vielen Jahren bekannt sind. Woran liegt das?
Im Pflegebereich herrscht vor allem ein gigantisches Misstrauen, das von der Spitze des Gesundheitsministeriums über die Kostenträger bis zu den Pflegekräften reicht. Und dieses Misstrauen verhindert, dass Pflegekräfte den Menschen wirklich dienen können.

Wie unterscheidet sich – vereinfacht gesagt – die Arbeit von Buurtzorg von der eines «normalen» Pflegedienstes?
Sie unterscheidet sich durch die Arbeitsbedingungen – und durch das Angebot für den Pflegebedürftigen. Wir haben kleine Teams von zehn Personen, die hierarchiefrei arbeiten, weil wir ihnen vertrauen, die sich aber gegenseitig kontrollieren. Diese Mitarbeiter ermitteln gemeinsam mit dem Pflegebedürftigen dessen persönlichen Bedarf und organisieren dann alles Notwendige. Damit das gelingt, braucht es allerdings gezielte Trainings. Denn die klassische ambulante Pflege ist mit ihrem Verrichtungsbezug eher nicht auf individuelle Hilfen ausgelegt.

Der persönliche Bedarf passt ja nicht zwingend zum Angebot der Pflegeversicherung. Wie werden Sie dem gerecht – trotz der Zwänge des Systems?

Wir vereinfachen einige Dinge organisatorisch – und orientieren uns nicht bei jeder Leistung am Verrichtungskatalog. Dazu dürfen wir in Nordrhein-Westfalen nach Einzelverhandlungen mit den Kassen alle Tätigkeiten von Grundpflege und Hauswirtschaft nach Zeit abrechnen, und zwar mit einem einheitlichen Stundensatz von 38,50 Euro. In der Behandlungspflege sind wir leider noch nicht so weit. Und es ist auch ein dickes Brett, das wir hier durchbohren müssen.

Warum?

Allen Beteiligten ist klar, dass der Verwaltungsaufwand durch die Abrechnung mit zwei verschiedenen Stellen enorm ist und die Trennung zwischen Grundpflege und Behandlungspflege Unsinn. Aber die Angst, dass nach einer Zusammenlegung die Krankenversicherung die Pflege mitfinanziert oder andersherum, ist eben auch sehr groß.

Was müsste sich grundsätzlich in Deutschlands Altenpflege ändern, damit die Verhältnisse für alle – also für Pflegebedürftige und Pflegende – besser werden?

Im Gesetz steht, dass die Pflegeversicherung den Patienten ein selbständiges und selbstbestimmtes Leben ermöglichen soll. Aber die Anreizsysteme sorgen für das genaue Gegenteil. Sie honorieren satt und sauber, und sie honorieren den Verkauf von möglichst viel Pflegeleistung. Was wir also unbedingt ändern müssen, sind diese Anreizsysteme.

Außerdem brauchen wir mehr Selbst- und weniger Fremdkontrolle. Der Pflegebedürftige – also der Kunde – kann durchaus selbst überprüfen, ob er bekommt, was er bezahlt. Aber dazu müsste es weniger Misstrauen geben und mehr Transparenz. Je undurchschaubarer ein System ist, desto leichter ist es ja zu betrügen. Und genau das passiert, massenhaft und Tag für Tag.

Buurtzorg setzt in der Pflege auch auf eine neue Rolle der Angehörigen. Wie sieht die aus?
Wir haben eine Pflegeversicherung, die durch ihr Teilleistungsprinzip de facto davon ausgeht, dass Angehörige mithelfen, beispielsweise indem ein Familienmitglied halbe Tage arbeitet und halbe Tage (mit)pflegt. Aber erstens gibt es so viele Teilzeitjobs nicht, damit das flächendeckend funktioniert, und zweitens ist es volkswirtschaftlich viel zu teuer, Menschen – vor allem Frauen – ganz oder teilweise dem Arbeitsmarkt zu entziehen.

Auch wir setzen zwar darauf, dass Angehörige und Freunde den Pflegebedürftigen unterstützen – aber wir lassen sie dabei nicht allein und organisieren die Dinge so, dass die Hilfe nicht zur Belastung wird.

Ein wissenschaftlich begleitetes Modellprojekt soll die Leistungsfähigkeit Ihres Konzepts belegen. Worum geht es dabei konkret?
Wir wollen einige Effekte und Zusammenhänge evaluieren, und zwar nicht nur bezüglich der Abrechnung. Vor allem sind wir davon überzeugt, dass sich mit unserem Ansatz mehr Patienten in kürzerer Zeit betreuen lassen – bei gleicher oder höherer Qualität.

Wie groß ist Ihre Hoffnung, dass sich in der Altenpflege wirklich Grundsätzliches ändert?
Diese Hoffnung habe ich unbedingt. Wichtige Erkenntnisse

sind ja durchaus angekommen in der Politik. Natürlich bleiben die Handlungsmöglichkeiten innerhalb des herrschenden Systems begrenzt. Aber wir sollten nicht vergessen, dass auch die Kassen mit dem Rücken zur Wand stehen. Und Buurtzorg ist die einzige Innovation in der Pflege in Deutschland, die nicht piepst und blinkt.

Kapitel 16

**Bielefeld: Damit die Bewohner gerne sagen:
«Das ist mein Zuhause.»**

*«Die Kommunen müssen mit der Daseinsvorsorge stärker
in die Pflicht genommen werden, aber auch die finanziellen
Mittel dazu erhalten.»*

Natürlich stehen nicht alle Städte der Herausforderung Pflege passiv und ängstlich gegenüber. Einige sind in der Lage, die Versorgung Hilfebedürftiger gezielt zu steuern, auch zum eigenen Nutzen.

Deutschlandweit bekannt wurde das Bielefelder Modell und sein «Wohnen mit Versorgungssicherheit». Zum ersten Mal umgesetzt bereits 1996 in Dornberg, einem Vorort im Westen der Stadt, wirkt das Konzept in seiner verblüffenden Schlichtheit ein wenig wie das Ei des Kolumbus: Ein Wohnungsunternehmen – die städtische BGW – erlaubt einem ambulanten Pflegedienst, für einen (kleinen) Teil der Wohnungen einer Anlage Mieter vorzuschlagen. Dort ziehen Pflegebedürftige mit einem hohen Hilfebedarf ein, deren Versorgung dem Pflegedienst stabile regelmäßige Einnahmen garantiert. Dafür sind Mitarbeiter rund um die Uhr vor Ort, betreiben einen Servicestützpunkt und ein Wohncafé oder eine Wohnküche, wo sie für alle Bewohner ansprechbar sind. Wer spontan Hilfe braucht, bekommt sie. Der Dienstleister ist dazu nah an seiner Zielgruppe und damit an potenziellen weiteren Pflegebedürftigen.

Vermieter und Dienstleister sind Partner, bleiben aber rechtlich getrennte Unternehmen. Deshalb gibt es auch keine «Servicemiete», jene Pauschale, die das klassische betreute Wohnen in Nordrhein-Westfalen so sehr in Verruf gebracht hatte. In den 1990er Jahren durften hier Sozialwohnungen für Senioren nur in Verbindung mit einem Betreuungsangebot entstehen. Für dieses Angebot mussten dann alle Mieter pauschal bezahlen, egal, ob sie es nutzten oder nicht. Nach diesem Muster entstanden unzählige schlechte, überteuerte Wohnprojekte.

Es begann in der Osterwoche 1981

In Bielefeld bezahlen die Bewohner grundsätzlich nur für Hilfen, die sie auch in Anspruch nehmen. Und sie müssen dazu nicht zwingend jenen Pflegedienst engagieren, der das Wohncafé und den Servicestützpunkt betreibt, sondern können sich auch einen anderen suchen.

Die BGW arbeitet zwar nicht an allen Standorten des Bielefelder Modells mit demselben Pflegedienst zusammen, hat aber mit Alt und Jung e. V. einen bevorzugten Partner. Der war bereits an Bord, als die Idee 1996 geboren wurde, ja ohne ihn gäbe es das Bielefelder Modell vielleicht gar nicht.

Alt und Jung e. V.* entstand in den späten 1970er Jahren aus der freien Altenarbeit. Hauptanliegen war schon damals, Menschen mit besonderem Hilfebedarf eine individuelle Versorgung diesseits des Heims zu ermöglichen. Den Anstoß gab der Fall einer an Multipler Sklerose erkrankten Frau, die seit Jahren eine geeignete Wohnung suchte.

Nachdem in der Osterwoche 1981 das Haus in der Huchzer-

---

* Im Jahre 2005 teilte man sich aufgrund des Wachstums in zwei Vereine auf: Alt und Jung Nord-Ost und Alt und Jung Süd-West.

meierstraße 1 kurz vor dem geplanten Abriss besetzt wurde, sah der Verein Alt und Jung e. V. seine Chance gekommen. Nach umfänglicher Renovierung mit viel ehrenamtlicher Hilfe entstand die erste WG für Menschen mit Betreuungsbedarf.

Schon damals war das Einbinden der Nachbarschaft Teil des Konzepts, schnell kannten alle die «WG H1» – vom Bäcker über den Apotheker bis zum Friseur und dem Hausarzt.

Jene Unterstützung, die der Verein leistete, bezahlten die Bewohner selbst und holten sich das Geld wo möglich vom Sozialamt, der Krankenkasse oder anderen Kostenträgern zurück. Seit 1991 rechnet Alt und Jung e. V. direkt mit den Krankenkassen ab, seit 1995 – als diese entstand – ebenfalls mit der Pflegekasse.

Auch die BGW, die Bielefelder Gesellschaft für Wohnen und Immobiliendienstlungen mbH, hatte schon früh auf den demographischen Wandel reagiert. 1967 erstellte sie die ersten zehn Wohnungen für Ältere und für Menschen mit Behinderung, bis 1995 kamen mehr als 300 vergleichbare Wohnungen in verschiedenen Stadtteilen hinzu.

Allerdings wünschten sich immer mehr Menschen nicht nur ein altengerechtes Zuhause mit entsprechender technischer Ausstattung, sondern auch Serviceangebote. Es ging um Versorgungssicherheit, das Vertrauen darauf, bei Bedarf so viel Hilfe bekommen zu konnen, wie für ein möglichst langes Leben in den eigenen vier Wänden nötig ist. Solche Angebote waren bis dato mit Pauschalzahlungen verbunden, ein Konzept, das Mitte der 1990er Jahre nicht mehr vermittelbar und von der BGW auch nicht gewollt war.

Stattdessen entwickelte das Wohnungsbauunternehmen gemeinsam mit Alt und Jung e. V. das Bielefelder Modell.

Schon das erste gemeinsame Projekt in Dornberg enthielt all jene Versatzstücke, die die Idee bis heute so erfolgreich machen: barrierefreie Wohnungen, ein Wohncafé als Treffpunkt und Ver-

anstaltungsort, einen rund um die Uhr besetzten Servicestützpunkt und eine Gästewohnung.

Entscheidend ist der individuelle Hilfemix

Dieser Mix produziert ausschließlich Gewinner. Da sind zunächst alte Menschen, die unabhängig und selbstbestimmt
bis zum Schluss in einer eigenen Wohnung leben können und
dabei viel Kontakt zu anderen haben. Der lässt sich am besten
herstellen und halten, indem man das Wohncafé besucht – zum
Frühstück oder zum Abendessen – oder hier sogar ein wenig mit
anfasst. Dafür gibt es eine kleine Aufwandsentschädigung, auf
die man natürlich auch verzichten kann.

Und wer irgendwann ein bisschen oder später mehr Hilfe
braucht, ist nicht jenen verheerenden Sachzwängen ausgesetzt,
die ich in Kapitel 2 beschrieben habe, muss sich nicht entscheiden zwischen ambulantem Abgefertigtwerden und einem
Leben im Heim. Denn in Bielefeld arbeiten Wohnungsgesell-
schaft, Pflegedienst und Ehrenamtliche so zusammen, dass ein
individueller Hilfemix entsteht.

Dabei ist die ehrenamtliche Unterstützung kein Selbstgänger,
sondern braucht Moderation, um unterschiedliche Charaktere
und Motivationen übereinzubringen.

Auch an anderen Stellen muss sich der Pflegedienst auf die
Eigenheiten des Modells einlassen, braucht Flexibilität, um die
Erwartungen vergleichsweise anspruchsvoller Kunden erfüllen
zu können.

In Bielefeld spricht man ganz bewusst nicht von Pflegebedürftigen, Klienten oder Patienten, weil das nicht zum Jobver-
ständnis passt. Bedürftigen wird zugeteilt, Kunden werden be-
dient.

Die Angehörigen können sich auf schöne Dinge konzentrieren

Kleine Gefälligkeiten wie Glühbirnen wechseln oder Nägel in die Wand schlagen erledigen die Mitarbeiter in der Regel umsonst und unbürokratisch. Zeichnet sich ab, dass jemand regelmäßig Unterstützung braucht, erstellt der Dienstleister einen Hilfeplan, wendet sich anschließend an Kranken- und Pflegekassen, Sozialamt oder Berufsgenossenschaften.

Und natürlich auch an die Angehörigen. Deren Mithilfe ist willkommen, aber nicht einkalkuliert. Für sie bedeutet das Modell in erster Linie Entlastung und Schutz vor jenem Horror, den viele bei der häuslichen Pflege erleben: Auf sich allein gestellt, wird die Aufgabe ausschließlich zur Last und beglückende Momente werden gar nicht mehr wahrgenommen.

In Bielefeld können sich Angehörige auf die schönen Dinge konzentrieren, auf einen gemeinsamen Spaziergang oder eine Partie Rommé.

Das wiederum entlastet die professionellen Helfer, die so weniger psychosoziale Betreuung leisten müssen.

Das Konzept geht auf: Im Bundesdurchschnitt leben 28 Prozent aller Pflegebedürftigen in einem Heim, in Bielefeld sind es nur zwanzig Prozent. Tendenz: weiter fallend. Und mit jedem nicht stationär Versorgten spart die Stadt Geld.

Auch deshalb hat der Rat im Februar 2015 beschlossen, die Möglichkeit einer «verbindlichen und vorausschauenden Bedarfsplanung» nach dem novellierten Landespflegegesetz konsequent zu nutzen. Seitdem erhalten nur noch solche Pflegeeinrichtungen eine Förderung der Investitionskosten, deren Bedarf kommunal bestätigt worden ist.

Diese Investitionskosten sind in NRW im Vergleich mit anderen Bundesländern sehr hoch – wie schon in Kapitel 4 beschrieben. Wer hier ein Heim mit achtzig Bewohnern plant und keine

Förderung bekommt, müsste pro Jahr – gemessen am Landesdurchschnitt – entweder circa eine halbe Million Euro zusätzlich aufbringen oder deutlich höhere Preise nehmen als andere.

Beides kann in der Praxis nicht funktionieren. Dementsprechend ist in Bielefeld seit zwölf Jahren kein zusätzliches Heim mehr entstanden, mit Billigung der Stadt investiert wurde lediglich in Um- und Ersatzneubauten.

Das Modell verändert, aber überlebt sich nicht

In der ostwestfälischen Metropole will man auch weiterhin integrierte Versorgungskonzepte entwickeln, damit ältere Menschen individuelle Unterstützung in Anspruch nehmen und solange sie es wünschen in den eigenen vier Wänden bleiben können.

Wobei sich die Elemente dieser Strategie durchaus verändern. Das gilt auch für das Bielefelder Modell.

Im Jahre 2019 wurde es noch an sechzehn Standorten umgesetzt, Ende 2020 werden nur noch zwölf Wohnanlagen unter diesem Label firmieren. Für Oliver Klingelberg, der das Sozialmanagement bei der BGW leitet, bedeutet das aber keineswegs, dass sich das Bielefelder Modell überlebt hat. Im Gegenteil. Es verschwänden ja auch keine Wohnanlagen, sondern einige enthielten lediglich nicht mehr alle Elemente, die modellhaft dazugehören, beispielsweise die 24-Stunden-Präsenz im Quartier oder den täglichen Mittagstisch.

Einerseits ist diese Entwicklung Reaktion auf bessere und mehr Angebote der ambulanten und stationären Versorgung und den damit verbundenen Wandel der Nachfrage. Heime öffnen sich mit Wohngruppenmodellen in die Quartiere hinein oder machen im Rahmen des Projekts «Pflege Stationär – Weiterdenken!» auch ambulant ausgerichtete Angebote, die in die

Strukturen und Abläufe des Heims integriert sind und dadurch zeitlich flexibel genutzt werden können.

Im ambulanten Bereich bieten alle Pflegedienste mittlerweile eine 24-Stunden-Erreichbarkeit über eine Notfallhandynummer an, wobei hier die Reaktionszeiten gegenüber der quartiersnahen Versorgung im Bielefelder Modell erheblich länger sind.

Darüber hinaus wird es ab dem kommenden Jahr aber auch deshalb weniger Standorte geben, die das Label «Bielefelder Modell» verdienen und bekommen, weil die Kommune Leistungen, die neuerdings Teil der Pflegeversicherung sind, nicht mehr finanzieren und damit auch nicht mehr anbieten darf.[*] Ein Beispiel dafür ist der seit dem 1. Januar 2017 neue Leistungskomplex «Häusliche Betreuung».

Auch hier zeigt sich, dass die Pflegeversicherung mit ihrer Abgrenzung gegen andere Kostenträger ein koordiniertes Miteinander aller Beteiligten zum Wohle der Menschen erschwert, und dass diese Abgrenzung die Kommunen in ihrer Steuerungsfunktion und ihrem wachsenden Steuerungswillen einbremst.

Dabei wäre nach Ansicht von Oliver Klingelberg von der BGW genau das Gegenteil sinnvoll. «Die Kommunen müssen mit der Daseinsvorsorge stärker in die Pflicht genommen werden, aber auch die finanziellen Mittel dazu erhalten.» Klingelberg würde sich für die Quartiersarbeit eine Regelfinanzierung wünschen anstatt nur befristeter Projektmittel. Die Kosten sollten sich mehrere Akteure teilen. In der Pflicht sieht er neben den Kommunen die Länder, eventuell auch den Bund über die Gesetzgebungsverfahren. Und auch die Sozial- und Wohnungswirtschaft

---

[*] Das Subsidiaritätsprinzip bestimmt die Nachrangigkeit der nächsten Ebene. Das bedeutet: Wenn der Bund, das Land oder auch die Pflegeversicherung etwas finanziert, dann darf es die Kommune nicht mehr tun.

sieht er in der Verantwortung, «zumal sie ja von einer funktionierenden Quartiersarbeit profitiert.»

Ziel sollte es seiner Meinung nach sein, stärker als bisher präventiv zu arbeiten, dafür zu sorgen, dass Menschen gar nicht erst allzu hilfebedürftig werden.

Es geht nicht darum, möglichst viel Geld zu verdienen

«Wir wollen mehr sein als nur Vermieter, wollen den Nachbarschaftsgedanken stärken», so Oliver Klingelberg von der BGW. «Damit die Bewohner gerne sagen: Das ist mein Zuhause.»

Eine solche Einstellung sehe man dem Viertel dann auch an, insofern zahle sich das Konzept auch betriebswirtschaftlich aus.

Darüber hinaus macht er aber kein Hehl daraus, dass kommunale oder genossenschaftliche Wohnungsunternehmen mit solchen Ansätzen keine hohen Renditen erwirtschaften können. Das sei aber auch gar nicht der Anspruch und nicht die Erwartung der Stadt. «Wir haben einen klaren Versorgungsauftrag, und der lautet, bezahlbaren, nachhaltigen Wohnraum zur Verfügung zu stellen. Unser Auftrag ist nicht, mit dem ‹Bielefelder Modell› möglichst viel Geld zu verdienen.»

Als Quintessenz der Recherche stellen sich zwei Fragen: Warum funktioniert das beschriebene Modell in Bielefeld? Und warum funktioniert es außerdem nur in – je nach Definition – vierzehn anderen Städten und nicht in noch viel mehr?

Die Antworten auf die erste Frage lauten: Weil sich die Stadt Bielefeld bewusst einmischt, bewusst eine aktive, steuernde Rolle einnimmt – und entsprechend profitiert. Und weil es ein städtisches Wohnungsunternehmen in ausreichender Größe gibt sowie einen Dienstleister, der in der eigengesteuerten ambulanten Betreuung groß geworden ist und sich auf alle Notwendigkeiten des Modells einlässt.

Und schließlich wurde das Projekt in einer Zeit groß, als alles dafür und nichts dagegen sprach, als es auch darum ging, alte Bestände vermietbar zu halten, langjährige Mieter nicht zu verlieren und Leerstände zu vermeiden.

Und hunderte von Nachahmern des Bielefelder Modells gibt es deshalb nicht, weil unzählige Kommunen ihre Wohnungsunternehmen verkauft und damit ein wichtiges kommunalpolitisches Steuerungsinstrument aus der Hand gegeben haben. Die Summe, die sie kurzfristig dafür bekamen, ist fast immer klein im Vergleich zu jenem sozialpolitischen Preis, den sie langfristig dafür bezahlen. Nicht wenige Städte versuchen in letzter Zeit verzweifelt, diese Entscheidung rückgängig zu machen, eine tätige Reue, die in Zeiten exorbitanter Immobilienpreise sehr viel Geld kostet.

Im folgenden Kapitel sehe ich mir die «Städtische Altenpflegeheime Leipzig gGmbH» an. Das Unternehmen zeigt, dass kommunale Träger durchaus in der Lage sind, Heime mit guter Pflege, zufriedenem Personal und – vor allem – schwarzen Zahlen zu betreiben.

Kapitel 17

Leipzig: Die Kommune als Heimbetreiber.
Schwarze Zahlen trotz niedrigster Pflegesätze

«Wir können die Qualität besser kontrollieren,
wenn wir es selbst machen.»

Wer fordert, Deutschlands Kommunen sollten in der Altenhilfe eine viel aktivere Rolle einnehmen als bisher und nach Möglichkeit auch selbst wieder mehr ambulante Dienste und Heime betreiben, bekommt den immer gleichen Einwand zu hören: Städte eigneten sich nicht als Unternehmer, sie würden nur rote Zahlen produzieren, auch weil sich die Politik laufend einmische, Private könnten das viel besser und so weiter und so fort.

Dass es nicht so laufen muss, ja dass Kommunen den Job sogar besser erledigen können als mancher andere, beweist die Städtische Altenpflegeheime Leipzig gGmbH, kurz SAH. Das Unternehmen betreibt zehn stationäre Einrichtungen im gesamten Stadtgebiet, ambulante Dienste, zwei Tagespflegeeinrichtungen, eine Ergo- und eine Physiotherapie-Praxis und ist mit etwa 1000 Mitarbeitern einer der größten Arbeitgeber Leipzigs.

Seit 2006 schreibt die SAH schwarze Zahlen, obwohl die Pflegesätze nirgendwo in Deutschland niedriger sind als in Sachsen.

Aus acht Millionen Miesen wurden schwarze Zahlen

Das Plus ist keineswegs Ergebnis eines harten Sparkurses auf Kosten von Bewohnern oder Mitarbeitern, sondern der richtigen unternehmerischen Entscheidungen und der Fähigkeit, mit sehr spitzem Bleistift zu rechnen.

Als Stefan Eckner, der heutige Geschäftsführer, im Jahr 2000 als Controller einstieg, machte der Eigenbetrieb acht Millionen Euro Miese pro Jahr.

Um von den hohen Verlusten herunterzukommen, war ein ganzes Bündel von Maßnahmen notwendig, fast nichts ist so geblieben, wie es war. Mehrere Häuser mussten ihre Kapazität aufgrund der Förderbedingungen deutlich verringern. Die Verantwortlichen verkürzten die Arbeitszeiten, um Lohnkosten zu sparen, und nahmen die Pflegesatzverhandlungen mit den Kostenträgern wieder selbst in die Hand. Bis Ende der 1990er Jahre hatten diese Aufgabe externe Berater übernommen, «denen unsere Situation im Grunde ziemlich egal war», so Stefan Eckner. Entsprechend chaotisch und schlecht vorbereitet liefen die Verhandlungen ab. Als im Jahre 2000 die Gewerkschaften höhere Löhne für die Pflege durchgesetzt hatten, glich die Pflegekasse die Mehrkosten nicht aus – weil darüber schlicht nicht verhandelt worden war.

«Da wollen viel zu viele mitverdienen.»

Mittlerweile hat der Geschäftsführer auch andere Funktionen zurück ins Unternehmen geholt, von Outsourcing hält er grundsätzlich nichts. «Da wollen viel zu viele mitverdienen. Außerdem können wir die Qualität besser kontrollieren, wenn wir es selbst machen.»

Ergotherapie, Physiotherapie, Hausmeisterservice, Gebäudereinigung – alle diese Dinge erledigen die Leipziger heute inhouse. Jede Einrichtung hat ihre Küche und ihre Wäscherei, eine davon hat Eckner sogar neu bauen lassen. Das Einzige, das noch immer Externe erledigen, ist die Glasreinigung.

Wichtig war auch der Wechsel vom kommunalen Eigenbetrieb zur gemeinnützigen GmbH (gGmbH) im Jahre 2004. Seitdem arbeitet das Unternehmen wie jedes andere, kann vor allem seine Investitionen langfristig planen.

Heime sind Teil einer lebendigen Nachbarschaft

Und investiert hat es seitdem reichlich. 2015 wurde der Komplex an der Goyastraße fertig, auf 36 000 Quadratmetern verbaute die SAH hier 25 Millionen Euro, schuf damit eine lebende Nachbarschaft mit Pflegeheim, Wohnungen und Kindergarten. Und die Stadt Leipzig errichtete auf dem Gelände eine Sportoberschule.

An jeder Ecke des Heimgebäudes gibt es einen hellen Aufenthaltsraum mit eigener Küche dahinter und großer Terrasse davor. Wohnungsmieter können im Erdgeschoss zu Mittag essen oder sich die Mahlzeit vom Hausmeister nach Hause bringen lassen.

Ein weiteres Zwanzig-Millionen-Projekt, das Seniorenzentrum Eutritzsch im Leipziger Norden, ist just Ende 2019 fertig geworden. Und die SAH, zu der auch 300 Wohnungen gehören, werde «an sinnvollen Stellen» weiter wachsen, so der Geschäftsführer. Drei Grundstücke für weitere Baumaßnahmen hat er bereits vorsorglich erworben.

Quersubventionierungen gibt es nicht

Auf die Frage, wie man als Heimbetreiber hochwertig pflegt, seine Mitarbeiter fair behandelt und trotzdem dauerhaft im Plus bleibt, betont Stefan Eckner, er sei «zuerst mal Diplomkaufmann. Insofern muss dieser Betrieb genauso schwarze Zahlen schreiben wie jeder andere.»

Und das gilt nicht nur für den Betreiber insgesamt, sondern auch für jedes einzelne Heim. Quersubventionierungen gibt es hier nicht. Eine Einrichtung im Minus, die andere im Plus, unter dem Strich eine schwarze Null, solche Milchmädchenrechnungen führen seiner Ansicht nach nur dazu, Verluste jahrelang durchzuschleppen und deren Ursachen zu verschleiern.

Als Controller, der er ja auch ist, habe er «die Kostenarten sehr tief gegliedert, deshalb weiß ich auch immer sehr genau, wo das Geld geblieben ist.» Darauf aufbauend gibt es in Leipzig eine detaillierte Liquiditäts- und Finanzplanung. Werkzeuge, die in der Branche keineswegs selbstverständlich sind.

Wenig überraschend ist man auch in puncto IT auf dem neuesten Stand. Die gesamte Pflegedokumentation wird digital abgewickelt, demnächst überall mit Tablets. Sogar Kochrezepte tauschen die Häuser digital aus.

Natürlich ist all das – kaufmännisch saubere Arbeit, akribisches Controlling, hochwertige Hard- und Software – nur eine Antwort auf die Frage, wie man als Betreiber trotz sehr niedriger Pflegesätze dauerhaft genug Geld für schöne Einrichtungen und gute Pflege übrig behält. Die andere lautet: indem man keine Überschüsse erwirtschaften muss. «Gewinne lassen sich bei einem Pflegeheim nur auf Kosten der Mitarbeiter oder der Bewohner maximieren», davon ist Stefan Eckner überzeugt.

Das Rad lässt sich nicht mehr zurückdrehen

Und natürlich macht sich jemand wie er auch Gedanken über die Zukunft der Pflege insgesamt. Eckner glaubt nicht, «dass dieses System noch sehr lange so weiterleben kann. Pflege wird teurer werden, egal, wie wir sie organisieren. Und das sollten wir den Leuten auch ehrlich sagen.»

Der SAH-Geschäftsführer plädiert dafür, die Pflegeversicherung zu verteuern und von dem Geld einen menschenwürdigen Versorgungsstandard für alle zu garantieren. Wer dann noch mehr wolle oder brauche, müsste das aus der eigenen Tasche bezahlen.

Und wenn diese Aufgabe überall nur die Kommunen erledigen würden? Dann fiele seiner Ansicht nach «unglaublich viel unproduktive Bürokratie weg, und wir bräuchten weniger Kontrollen. Dann könnten viel mehr Leute in der Pflege arbeiten.»

Für realistisch hält Stefan Eckner dieses Szenario allerdings weniger. «Das Rad lässt sich nicht mehr zurückdrehen. Und Städte, die keine entsprechenden Strukturen haben, können sie auch nicht mehr schaffen.»

Im nächsten Kapitel führt mich die Reise in ein Altenheim, das stolz darauf ist, dass hier Bewohner auch wieder ausziehen – und zwar lebend.

Kapitel 18

Mülheim an der Ruhr: Ein Pflegeheim muss nicht zwingend die letzte Station sein

«Wir brauchen einen Dialog darüber,
wie wir unsere Alten behandeln wollen.»

D ie Untauglichkeit der Pflegeversicherung zeigt sich nicht nur mit Blick auf jene Fälle, in denen die Versorgung alter Menschen schlecht bis gar nicht klappt, sondern manchmal noch mehr beim Betrachten jener Positivbeispiele, die nicht etwa wegen der Unterstützung des Systems funktionieren, sondern quasi im Widerstand gegen die herrschenden Verhältnisse.

Und als wäre dieser Umstand nicht schon absurd genug, werden solche Widerständler zum Teil ausgerechnet von jenen gelobt, die ansonsten unser Pflegesystem stets verteidigen (müssen). So geschehen im März 2019, als Karl-Josef Laumann, Minister für Arbeit, Gesundheit und Soziales in NRW, das Haus Ruhrgarten in Mülheim besuchte, ein Heim der Evangelischen Altenhilfe. Ihn begleiteten unter anderen Vertreter der Pflegekassen und des MDK sowie die Leitung des Sozialamts und der Heimaufsicht.

Sie alle wollten ein Pflegekonzept besichtigen, das zwar gemessen an skandinavischen Standards so sensationell nicht ist, wohl aber im Vergleich zu den traurigen Zuständen in anderen Heimen hierzulande.

Minister und Kostenträger sollten sich aus erster Hand über die therapeutischen Möglichkeiten stationärer Pflege informieren und lernen, dass ein Heim nicht zwingend biographische Endstation sein muss, dass die Bewohner es auch wieder verlassen können – und zwar lebend.

Das ist insofern sensationell, als die Pflegeversicherung diesen (Aus-)Weg nicht honoriert, und sich Heimbetreiber deshalb in aller Regel gar nicht erst darum bemühen.

Bewohnern soll es mental und körperlich bessergehen

Das Haus Ruhrgarten schon, dort arbeiten der geschäftsführende Pflegedienstleiter Oskar Dierbach und sein Team systematisch daran, dass es den Bewohnern mental und körperlich bessergeht.

Das beginnt schon bei der Eingangsuntersuchung, wenn sich ein Apotheker verschriebene Medikamente und ihre möglichen Neben- und Wechselwirkungen ansieht. Liegen hier Ursachen für Bewegungsstörungen, Müdigkeit oder Aufmerksamkeitsdefizite? Lässt sich ein Teil der Pillen vielleicht durch eine bessere Tagesbegleitung ersetzen?

Einen Versuch ist es fast immer wert, und häufig auch zwei oder drei. Voraussetzung dafür und für Therapien insgesamt ist natürlich ausreichend Personal und die notwendige technische Unterstützung.

Und die gibt es im Haus Ruhrgarten. Zum Beispiel den Raum mit einer aufwendigen Lichttherapieanlage an der Decke, die dazu dient, den bei alten Menschen häufig gestörten Tag-Nacht-Rhythmus durch Licht zu stabilisieren anstatt durch Medikamente.

Oder das helle Reha-Zentrum, das auf den ersten Blick aussieht wie ein Fitnessstudio. Einige der Geräte könnten tatsächlich auch dort stehen, etwa die Ergometer, anderes wurde passgenau für die Zielgruppe entwickelt.

Zwei Holme in Hüfthöhe erinnern an den Barren in der Schulturnhalle. Und es sind auch Barrenholme, nur dass sie unten nicht auf einem rollbaren Gestell montiert, sondern fest im Boden verankert sind, am Ende zwischen ihnen ein mannshoher Spiegel.

Hier trainieren Menschen, die nach einem Schlaganfall ein Bein nicht mehr richtig bewegen können, weil der Teil des Gehirns, der seine Bewegung steuert, gelitten hat. Mit Hilfe des Gehens am Barren und der fortlaufenden Kontrolle im Spiegel lernt ein anderes Hirnareal, diese Aufgabe mit zu übernehmen.

«Egal, was die anderen meinen, was willst du?»

Solche Maßnahmen sind mühsam, zeitaufwendig und teuer. Und sie werden weder von der Pflege- noch von der Krankenkasse bezahlt.

Das gilt auch für jenen rollbaren Stehtisch, den Oskar Dierbach schon als «orthopädischen Motivator» genutzt hat. Einen Schwerstpflegefall, der liegend angeliefert wurde, habe er davor fixiert und ihn auf die Terrasse mit dem wunderschönen Blick über die Ruhr geschoben. «Als ich dann gefragt habe, ob er hier irgendwann wieder ohne Hilfe stehen wolle, vielleicht mit einem Bier in der Hand, sagte er: Keine Chance, der Arzt im Krankenhaus hat bei meiner Entlassung gesagt, da ist nichts mehr zu machen. Und meine Tochter sagt dasselbe. Ich habe gesagt: ‹Egal, was die anderen meinen, was willst du?› Und er hat geantwortet: ‹Klar, ich würde das schon wollen.›»

Natürlich vollbringt auch das Haus Ruhrgarten keine Wunder, und nicht jeder, der den Willen dazu hat, kann irgendwann wieder alleine stehen, betont der Pflegedienstleiter. Aber die

Geschichte zeigt, mit welcher Haltung, welchen Zielen hier gepflegt wird.

Ungefähr fünfzehn bis zwanzig Prozent der Bewohner ziehen irgendwann wieder aus, weil sie fit genug sind, um auch zu Hause mit ambulanter Unterstützung klarzukommen. Und auch diejenigen, die das nicht schaffen – oder nicht wollen –, haben durch die Therapien und durch Aktivierung dauerhaft Lebensqualität hinzugewonnen.

Ein Pflegeplatz ist hier teurer als woanders

Das Geld für diese Lebensqualität stammt erstens vom Förderverein des Heims. Er hat das Reha-Zentrum und auch die Lichttherapieanlage zum größten Teil bezahlt – inklusive kostenloser Installation durch eine lokale Handwerksfirma. Allein für diese Anlage hätte das Heim 20 000 Euro aufbringen müssen, beziehungsweise nicht aufbringen können. Der Förderverein finanziert auch eine Motopädin und eine Gymnastiklehrerin, die mit Bewohnern Treppensteigen üben.

Aber Pflegedienstleiter Oskar Dierbach kann nicht nur auf Spenden zurückgreifen, um seine Vorstellungen vom richtigen Umgang mit Pflege und Alter umzusetzen, sondern auch auf viele ehrenamtliche Helfer. Zu ihnen gehören die «Grünen Damen und Herren», zumeist Frauen und nicht mehr berufstätig, Handwerker, die kostenlos werkeln, pensionierte Ärzte, die ergänzende Beratung anbieten.

Wer sie alle zum Spenden und Mittun bewegen wolle, der müsse ihr Herz gewinnen, ihnen klarmachen, dass mit ihrem Geld und ihrer Zeit Leben ermöglicht wird, «wenn wir Menschen aus ihrer Depression herausholen oder aus ihrer Immobilität».

Zweitens braucht ein so umfangreiches Angebot gut ausgebildetes und vor allem zusätzliches Personal. Das Haus Ruhrgarten hat 7,5 Fachkraftstellen mehr als andere Häuser vergleichbarer Größe. Deshalb ist ein Platz hier teurer als woanders. Die Folge sind höhere Eigenanteile der Bewohner, die sich die Familien leisten können müssen. Sind sie dazu nicht in der Lage, bezahlt unter Umständen auch das Sozialamt der Stadt mehr dazu als üblich.

Menschenwürde lohnt sich auch volkswirtschaftlich

Zieht der Bewohner sorgfältig rehabilitiert wieder aus, bevor seine Ersparnisse verbraucht sind und er den Zuschuss vom Amt in Anspruch nehmen muss, spart die Kommune andererseits Geld ein. Und das Land NRW ebenso, weil dann auch das Pflegewohngeld wegfällt. Außerdem habe eine Berechnung in Kooperation mit der AOK ergeben, dass bei den Bewohnern hier nur halb so hohe Kosten für Krankenhausbehandlungen anfallen wie sonst üblich.

Ob sich unter dem Strich «Menschenwürde auch volkswirtschaftlich lohnt», wie Oskar Dierbach glaubt, lässt sich zwar in unserer zerklüfteten Trägerlandschaft kaum berechnen, aber der Besuch des Ministers im Haus Ruhrgarten ist in jedem Fall ein Indiz dafür, dass auch die Kostenträger wissen, dass die vorhandenen Strukturen Verbesserungspotenzial haben. Angestoßen hatte den Termin nämlich die Pflegekasse. Die wichtigste Stütze des «Systems» wollte, dass sich Karl-Josef Laumann eine Einrichtung ansieht, die den gewohnten Rahmen des Systems sprengt.

Oskar Dierbach, geschäftsführender Pflegedienstleiter im Haus Ruhrgarten, bekommt von dieser Seite häufig widersprüchliche Signale. Manche Vertreter der Kostenträger werfen ihm Überversorgung vor, «andere beglückwünschen und motivieren uns, weiterzumachen».

Das tat auch der Sozialminister am Ende seines Besuchs.

«Das Problem ist nur, dass das Wissen der Menschen, die an der Basis arbeiten, am Ende zu selten in Politik umgesetzt wird», sagt Oskar Dierbach.

Die Hoffnung, das Modell mit deutlich aufgestocktem Personal könnte bald zum Vorbild für andere werden, machte der nordrhein-westfälische Sozialminister schon bei seinem Besuch zunichte. Dafür fehle es sowohl an Geld als auch an Fachkräften.

Reformen haben nichts besser gemacht

Wer zwei und zwei zusammenzählt, kann nach einem Besuch im Haus Ruhrgarten nur einmal mehr die Systemfrage stellen. Aber «kein Politiker würde sich trauen, die Pflegeversicherung abzuschaffen, weil sich viel zu viele gut darin eingerichtet haben und ein mächtiger Lobbyismus sie stützt», davon ist Oskar Dierbach überzeugt.

Im vorhandenen System gehe es vor allem darum, die Menschen in festgelegte Schubladen zu pressen. «Und es belohnt uns dafür, die Alten mit Pflegegrad 4 vor die Glotze zu setzen, einmal im Monat kommt der Kinderchor, und wer depressiv wird, kriegt Pillen.» Durch die vielen Reformen der zurückliegenden Jahre sei daran nichts besser, das System dafür immer noch komplizierter und undurchschaubarer geworden.

Komplexe Fragen brauchen komplexe Antworten

Was Dierbach auch kritisiert, sind die vielen Brüche, die Gräben, die Menschen dazu zwingen, sich für eine Seite zu entscheiden und dort auszuharren. On und off? Ein Leben zeitweise im Heim und dann mal wieder in der eigenen Wohnung? Das ist in

Deutschland nicht machbar, weil das Zimmer im Heim durchgängig belegt sein muss, damit die Kasse stimmt.

Auf komplexe Fragen wie das Altern gebe es aber nur komplexe Antworten. «Was wir in Deutschland brauchen, ist ein breiter gesellschaftlicher Dialog darüber, wie wir unsere Alten behandeln wollen. In Dänemark hat es diesen Dialog schon in den 1960er und 1970er Jahren gegeben, wir drücken uns bis heute davor. Und wir müssen die Vierzig- bis Sechzigjährigen fragen, wie sie in dreißig Jahren leben wollen.»

Kapitel 19

Mit dem Rücken zur Wand: Warum wir die Pflegeversicherung abschaffen müssen

In der aufgekratzten Diskussion über die Herausforderungen und Probleme, von denen dieses Buch handelt, vergessen wir fast immer, dass ihre eigentliche Ursache höchst erfreulich ist: Langlebigkeit. Im 20. Jahrhundert hat sich unsere Lebenserwartung nahezu verdoppelt. Und allein zwischen 2000 und 2015 wuchs sie noch mal um fünf Jahre, von 80 auf 85.

Die Spanne zwischen Ende des Arbeitslebens und Tod beträgt nicht mehr fünf oder maximal zehn, sondern zwanzig oder fünfundzwanzig Jahre, eine Entwicklung, die Glück und Herausforderung zugleich ist. Denn wir wollen zwar alt werden, aber nicht alt sein, jedenfalls nicht im Sinne von Gebrechlichkeit und Siechtum, wünschen uns ein Leben, das bis zum Schluss, oder wenigstens bis kurz davor, noch Qualität hat.

Diesen Begriff – Lebensqualität – definiert natürlich jeder ein wenig anders, aber über gewisse Attribute besteht vermutlich Einigkeit. Wir alle möchten so unabhängig wie möglich sein und bleiben, selbständig und selbstbestimmt. Wir möchten auch am Ende noch gelegentlich Schönes, vielleicht sogar Ungewöhnliches erleben, anstatt nur monoton ins Dämmerlicht zu starren, bis auch das verlischt.

Natürlich hängen Selbstbestimmung und Miterleben in hohem Alter immer auch von der Gesundheit ab, werden deshalb niemals allen im gleichen Maße zuteil. Aber wenn die Ziele von Pflege maximale Unabhängigkeit und maximale Fitness sind, dann geht auch in gesundheitlich schwierigen Fällen viel. Dann kommt, wie ich es in Dänemark erfahren durfte, auch ein schwacher, dialysepflichtiger Pflegebedürftiger irgendwann wieder alleine in sein Badezimmer im ersten Stock, weil er systematisch trainiert wurde.

Das Problem sind die falschen Anreize

In Dänemarks Altenpflege stehen die Menschen, ihre Bedürfnisse und ihre Lebensqualität im Mittelpunkt aller Bemühungen. Und für diese Bemühungen ist ein einzelner Akteur zuständig: die Kommune.

In Deutschland steht das Geld im Mittelpunkt, und Akteure gibt es viele. Die einen, Heimbetreiber, Pflegedienste, Sanitätshäuser, Vermittler, all jene, die vom System profitieren, wollen ihm möglichst viel Geld entnehmen, die anderen, Pflege-, Krankenkassen und Kommunen, möglichst wenig hineingeben.

Weil aber die Anreize, die die deutsche Pflegeversicherung setzt, wenig mit den Bedürfnissen der Menschen zu tun haben, orientieren sich auch die Interessen der Akteure nicht daran.

Bei uns würde sich vermutlich niemand darum bemühen, dass Lucas Petersen es wieder bis in den ersten Stock schafft. Die Krankenkasse nicht, weil vom Erfolg einer Reha-Maßnahme nicht sie profitiert, sondern die Pflegekasse. Die wiederum hat für Rehabilitation kein Budget, weil Verbesserungen bei ihr systembedingt nicht vorgesehen sind.

Ein Pflegedienst erhält mehr Geld, wenn seine Patienten hilfloser und unselbständiger werden und als Folge davon einen höheren Pflegegrad erhalten. Warum sollte er ihnen also zu mehr Fitness verhelfen? Er würde eher das Gegenteil erreichen wollen – jedenfalls wenn er ausschließlich wirtschaftlich denkt.

Andere Länder zeigen, dass echter Wandel möglich ist

Verursacher des ganzen Elends sind nicht gierige Menschen oder gierige Konzerne, beide nutzen nur jene Möglichkeiten, die ihnen die Verhältnisse so freimütig offerieren.

Verursacher ist genau genommen auch nicht die Pflegeversicherung insgesamt, sondern Ursache – ja man muss sagen: Sündenfall – war die Idee, aus Pflegeleistungen Produkte (Verrichtungen) zu formen und diese mit Preisen zu versehen: Wenn der Pflegedienst für eine Ganzwaschung circa zwanzig Euro bekommt, dann bekommt er für zwei Ganzwaschungen vierzig Euro. Also hat er ein Interesse daran, möglichst viele davon zu verkaufen.

Mit solcher Logik ein funktionierendes Altenpflegesystem zu etablieren, ist noch nirgends gelungen. Im Gegenteil: Die Niederlande und Schweden nehmen ähnliche Ansätze wieder zurück, weil sie sich als untauglich und zu teuer erwiesen haben.

Zum Verrichtungsbezug gehören auch Pflegestufen beziehungsweise Pflegegrade. Sie sind logische Folge der Kombination aus Bepreisung und gedeckeltem Budget: Bei mehr Hilfebedarf gibt es mehr Geld für mehr Verrichtungen. Die maximale Höhe der Zuteilung orientiert sich aber nicht am Bedarf, sondern an den verfügbaren Mitteln.

Wir brauchen mehr niedrigschwellige Hilfen

Welche Angebote es gibt, hängt davon ab, wofür die Pflegeversicherung bezahlt. Ihre Produkte und Preise formten jene

Strukturen, sorgen für jene Zuständigkeiten und Nicht-mehr-Zuständigkeiten, unter denen Deutschlands Altenhilfe so sehr leidet.

«Wir müssen raus aus der Alternative entweder allein zu Hause oder ab ins Heim», sagte Norbert Blüm 2014. Was es dazu vor allem braucht, sind niedrigschwellige, alltägliche Hilfen für nur wenig oder noch gar nicht Pflegebedürftige.

Aber die gibt es kaum, weil die Pflegeversicherung nur entlang vordefinierter Verrichtungen und Zeitkorridore bezahlt. Wem das nicht genügt, oder wer mit dem (Pflege-)Dienst nach Vorschrift nicht zurechtkommt, dem bleibt nichts anderes übrig, als ins Heim umzuziehen.

Und weil es sehr viele sind, denen nichts anderes übrigbleibt, werden immer mehr Heime gebaut. Deren Betreiber und ihre Lobby begründen jeden zusätzlichen Bedarf damit, dass die vorhandenen Häuser ausgelastet sind.

So entsteht ein verhängnisvoller Circulus vitiosus: Weil Angebote in den Zwischenräumen fehlen, sind die Heime voll. Und weil die Heime voll sind, werden noch mehr davon gebaut. Die saugen jenes Geld der Pflegeversicherung und der Sozialämter auf, das dann für alternative, individuelle Lösungen fehlt. Also ziehen viele Pflegebedürftige in Heime, die deshalb sehr voll sind ...

Die Abhängigkeit von den Privaten ist zu groß

Die Mütter und Väter der Versicherung wollten Altenpflege unbedingt marktfähig machen, ein Konzept, dem selbst der christdemokratische Gesundheitsminister mittlerweile kritisch gegenübersteht – zumindest bezüglich der Heime. Ob in einem so personalintensiven Bereich «ein kapitalmarktgetriebenes Fokussieren auf zweistellige Renditeerwartungen angemessen wäre», fragte Jens Spahn öffentlich im *Handelsblatt*. Seine Antwort darauf: «Eher nicht!»

Die Bundesregierung distanzierte sich später ausführlich von Spahns Aussagen. Damit machte sie auch deutlich, wie sehr sich die Politik von privaten Pflegeanbietern und ihren Investitionen abhängig gemacht hat – worauf der Gesundheitsminister selbst in erwähntem Artikel hinwies: «Ein Platz im Pflegeheim erfordert Investitionen von etwa 120 000 Euro. AWO, Caritas und Diakonie allein werden die Milliarden nicht aufbringen.»

Private wiederum werden nur investieren, wenn die Rendite stimmt. Das Problem ist, dass in der Branche «sehr hohe Gewinne fast nur durch vorsätzliches Absenken der Versorgungsqualität zustande kommen können», so ebenfalls Jens Spahn.

Weil Heimbetreiber jeden Euro nur einmal ausgeben können. Entweder er fließt in gutes Essen, genug Hygienematerial und in die Löhne der Mitarbeiter – oder in den Bonus des Vorstands, den er bekommt, weil er erfolgreich zum Wohle der Bilanz an den grundlegenden Bestandteilen guter Pflege gespart hat. Gewinnorientierung und gute Pflege schließen sich also zwangsläufig gegenseitig aus.

Immer mehr Heimbewohner brauchen Sozialhilfe

Ein Grund mehr, statt Heimneubauten eher den ambulanten Bereich zu stärken. Doch das aktuelle Angehörigen-Entlastungsgesetz, jene Regelung, nach der Kinder nur noch dann den Heimaufenthalt der Eltern bezuschussen müssen, wenn sie mehr als 100 000 Euro brutto pro Jahr verdienen, wird tendenziell das Gegenteil bewirken. Der Deutsche Städtetag jedenfalls geht davon aus, dass sich mehr Familien als bisher für eine Heimunterbringung der Eltern oder Großeltern entscheiden, wenn sie dieser Schritt nichts kostet.

Und das Gesetz wird nicht nur die Nachfrage nach stationären Pflegeplätzen erhöhen, sondern auch den Anteil der von Sozialhilfe abhängigen Heimbewohner. Bereits heute liegt er deutschlandweit bei fast 42 Prozent.[114]

Damit verabschiedet sich die Politik kurzerhand rigoros von jenem Gründungsversprechen, ohne das die Pflegeversicherung nie entstanden wäre: Pflegebedürftige aus der Abhängigkeit vom Sozialamt zu befreien.

Ein «Sockel-Spitze-Tausch» dürfte alles verändern

Beim Thema Altenpflege laufen die Dinge in Deutschland seit Jahrzehnten in die falsche Richtung. Und auch wenn eine freiwillige, geplante Umkehr aus Vernunft nicht in Sicht ist, wird sie als erzwungene Reaktion auf die Untauglichkeit des Vorhandenen doch erkennbar.

Denn es steht zu erwarten, dass die Vorschläge, die das «Bündnis für fairen Wettbewerb in der Altenpflege» aus Dienstleistungsgesellschaft und Wohlfahrtsverbänden unterbreitet, der Diskussion um einen kompletten Systemwechsel neue Nahrung geben werden.

Der darin geforderte «Sockel-Spitze-Tausch» würde bedeuten, dass Heimbewohner nur noch eine fixe Zahlung leisten und die Pflegekasse den variablen Rest. Unterm Strich müsste die Versicherung dann monatlich ungefähr doppelt so viel überweisen wie bisher. Rechnet man noch die geforderten Tarifanpassungen hinzu, dann bräuchte das System viele zusätzliche Milliarden, um diese Wünsche zu erfüllen.

Das Geld dafür kann entweder aus einer drastischen Beitragserhöhung oder aus ebenso üppigen, regelmäßig wachsenden Steuerzuschüssen stammen.

Die erste Option halte ich für politisch kaum durchsetzbar.

Außerdem hätte die Politik in diesem Fall mit Sicherheit eine Diskussion darüber am Hals, ob und wie gerecht es ist, Pflege überwiegend aus Sozialversicherungsbeiträgen zu finanzieren, die ausschließlich aus Arbeitseinkommen stammen und nicht auch aus anderen Einkunftsarten – zum Beispiel aus Vermietung.

Entscheidet man sich – auch um diese Diskussion zu vermeiden – für die Steuerzuschüsse, stellt sich zwangsläufig die Frage, ob wir eine Versicherung noch brauchen, die einerseits allen Beteiligten irrsinnige Regularien und Zwänge auferlegt, andererseits aber immer weniger in der Lage ist, aus eigenen Mitteln zu leisten, wofür sie einst geschaffen wurde.

Unzählige Gründe sprechen für einen Systemwechsel

Meine Antwort auf diese Frage lautet: Nein, wir brauchen sie nicht. Die Pflegeversicherung ist keine Unabänderlichkeit wie die Schwerkraft, sondern eine menschengemachte Fehlkonstruktion.

Was vor allem wegmuss, sind Verrichtungsbezug und Pflegegrade mit ihrer «Defizitdenke»: Dienstleister finanziell zu belohnen, wenn sie es schaffen, dass es ihren Kunden schlechter geht, ist – sorry to say – pervers. Solange dieses Prinzip existiert, werden wir in der Pflege garantiert weiterhin Vernachlässigung, Mängel und Verelendung erleben.

Um diese Mechanismen zu ändern, müsste man nicht zwangsläufig die Versicherungslösung beerdigen, dennoch sollten wir genau dies tun.

Aus fünf Gründen:

Erstens weil die Versicherung nicht in der Lage ist, Pflegebedürftigen wie einst versprochen den Gang zum Sozialamt zu ersparen.

Zweitens, weil Pflege – egal, in welchem System und in welchem Land – teuer ist und noch teurer wird. Diese große gesamtgesellschaftliche Aufgabe sollte nicht nur über Sozialbeiträge zu einer Versicherung finanziert werden. Weil es ungerecht ist, und weil es ökonomisch nicht funktioniert. Eine Steuerfinanzierung würde das ganze Budget auf eine breitere Basis stellen.

Drittens weil die Krankenkassen ohne Pflegeversicherung ein eigenes Interesse daran hätten, alte Menschen so lange wie möglich fit zu halten – und entsprechend handeln würden.

Viertens weil die Versicherung milliardenschwerem Betrug Tür und Tor geöffnete hat.

Und fünftens schließlich sollten wir sie beerdigen, weil ihre Zuteilungslogik mit den gedeckelten, aber staatlich garantierten Leistungen uns die vielen, für die Allgemeinheit sündteuren Heime beschert und jene Finanzinvestoren anlockt, deren Renditeerwartungen sogar der Gesundheitsminister kritisiert.

Kommunen sollten die Pflege steuern

«Enteignungsphantasien» hege er dabei nicht, auch das sagte Jens Spahn. Solche Phantasien wären auch völlig realitätsfern. Deutschland wird mit privaten Pflegeanbietern weiterhin leben müssen – und auch mit ihnen und ihren Investitionen leben wollen.

Aber sie sollten ähnlich wie in Schweden zu Dienstleistern der Kommunen werden, bezahlt je nach Bedarf aus Steuermitteln. Natürlich können wir die Gewinne privater Betreiber nicht per Gesetz begrenzen; aber dadurch, dass wir sie wirksam kontrollieren und ihre Arbeit gezielt im Sinne der Allgemeinheit steuern.

Außerdem sollten auch die Städte selbst wieder umfangreiche Pflege- und Betreuungsleistungen anbieten. Dass eine solche Rekommunalisierung machbar ist, beweisen die Niederlande. Sie nahmen 2007 viele Pflege- und Hauswirtschaftsleistungen aus ihrer Pflegeversicherung heraus und finanzieren sie seither wieder über Steuern – gemanagt wird das Angebot durch die Kommunen. Die Maßnahme hat sich als großer Erfolg erwiesen.

Wir haben kein Erkenntnisdefizit

Von solchem Mut ist Deutschland weit entfernt. Anstatt das fehlkonstruierte System endlich zu kippen, will uns die Politik immer noch weismachen, man könnte seine Schwächen durch noch mehr Kontrollen, Prüfinstanzen, zusätzliche Kommissionen, runde Tische, Studien und Modellversuche eliminieren.

All das soll den Eindruck erwecken, wir hätten ein Erkenntnisdefizit, wüssten nicht alle seit Jahren, wie ein Pflegesystem konstruiert sein muss, das den Beteiligten vertraut, das keinen Betrug kennt, weil systembedingt niemand Interesse daran hat, das nicht auf Verelendung setzt, sondern auf Rehabilitation, das das Prinzip ambulant vor stationär nicht verrät, sondern konsequent und mit großem Erfolg umsetzt.

Um ein solches System zu besichtigen, braucht es weder übermenschliche visionäre Kraft noch den Flug zu einem anderen Planeten. Sondern es genügt eine Reise fünf Kilometer hinter die deutsche Grenze, ins dänische Tondern.

Deutschlands Altenpflege braucht keine weitere Reform, sondern einen kompletten Neustart, weil das vorhandene System gescheitert ist.

Danksagung

Bei der Arbeit an diesem Buch habe ich enorme Unterstützung erfahren. Fast alle Protagonisten waren spontan bereit, mich zum Interview zu treffen, ihre Einsichten mit mir zu teilen, mir ihre Arbeit, ihre Einrichtung zu zeigen. Ohne diese Offenheit, durch die ich Pflege aus der Nähe erleben konnte, und ohne die Bereitschaft, über das kontroverse Thema Altenpflege auch zu streiten, hätte dieses Buch nicht entstehen können.

Mein besonderer Dank gilt ...

... natürlich zuallererst dir, Monika, für immerwährenden Beistand, viel Geduld (auch beim Korrekturlesen) und hervorragendes Catering,

Barbara Wenner für intensive inhaltliche Auseinandersetzung und gemeinsame Arbeit am Konzept,

Stephan und Hanna Schwager für spontane Gastfreundschaft und reichlich Unterstützung bei der Recherche,

Antje Röttgers für Akribie und gute Ideen.

Danken möchte ich außerdem (in alphabetischer Reihenfolge): Martin Behmenburg, Jos de Blok, Christiane Brors, Oskar Dierbach, Stefan Eckner, Irene Gehring, Theresia Brechmann, Christoph Happe, Brigitte Heinisch, Cornelia Heintze, Oliver Klingelberg, Aase Koch, Anna Lange, Magdalena Lixenfeld, Jytte Damgaard Lorenzen, Johannes Ludwig, Armin Rieger, Dirk Ruiss, Harald Schiller, Stefan Schlüter, Johannes Technau, Christine und Lothar Uhlig und Nauja Wihlborg.

Quellen

1   Die Geschichte von Brigitte Heinisch im Überblick, unter: www.anstages
    licht.de/brigitte-heinisch

2   Brigitte Heinisch, Satt und Sauber? Eine Altenpflegerin kämpft gegen den
    Pflegenotstand, Reinbek 2019.

3   www.postbank.de/postbank/pr_presseinformation_2019_08_21_pflege
    kosten_mehrheit_der_deutschen_ist_ahnungslos.html

4   Zitiert nach: Das Elend, alt zu werden. TV-Dokumentation von Dörte Schip-
    per und Gregor Petersen, Werner Grave, NDR 2001.

5   Gregor Petersen, Dörte Schipper, Überforderte Helfer, hilflose Patienten –
    Chaos bei den Pflegediensten, Panorama 1.11.2001, unter: https://daserste.
    ndr.de/panorama/archiv/2001/Ueberforderte-Helfer-hilflose-Patienten-
    Chaos-bei-Pflegediensten,erste7472.html

6   Thomas Hommel, Schnittstellenprobleme angehen!, in: Ärzte Zeitung on-
    line, März 2017, unter: www.aerztezeitung.de/politik_gesellschaft/pflege/
    article/932303/reha-pflegebeduerftigkeit-schnittstellenprobleme-an
    gehen.html

7   Werner Schreiber, damals Bundesvorsitzender der CDU-Sozialausschüsse;
    zitiert nach: Unter Niveau, Der Spiegel 39/1993, Seite 27–29, unter: www.
    spiegel.de/spiegel/print/d-13683236.html (abgerufen am 29.10.2019).

8   Ebd.

9   zitiert nach: Der Spiegel 39/1993, Seite 27–29.

10 Rainer Woratschka, Milliardenverluste bei der Pflegeversicherung, in: Zeit
    Online, März 2019, unter: www.zeit.de/politik/deutschland/2019-03/defizit-
    pflegeversicherung-pflegekassen-2018-beitraege

11 2019 bringt zahlreiche Änderungen bei Gesundheit und Pflege, in: aerzte
    blatt.de, Januar 2019, unter: www.aerzteblatt.de/nachrichten/100051/2019-
    bringt-zahlreiche-Aenderungen-bei-Gesundheit-und-Pflege

12 Gröhe erwartet stabile Beiträge zur Pflegeversicherung, in: Zeit Online,
    Januar 2017, unter: www.zeit.de/wirtschaft/2017-01/pflegeversicherung-
    beitraege-bundesgesundheitsminister-hermann-groehe

13 Andreas Mihm und Philipp Krohn, Weniger zahlen für das Pflegeheim, in:
    Frankfurter Allgemeine Online, Januar 2019, unter: www.faz.net/aktuell/
    wirtschaft/reform-weniger-selbst-zahlen-fuer-das-pflegeheim-15996156.
    html

14 Thomas Hommel, Schnittstellenprobleme angehen!, in: Ärzte Zeitung online, März 2017, unter: www.aerztezeitung.de/politik_gesellschaft/pflege/article/932303/reha-pflegebeduerftigkeit-schnittstellenprobleme-angehen.html

15 Zahlen laut Statistischem Bundesamt.

16 Die Zuständigkeit in Angelegenheiten der Sozialhilfe ist äußerst kompliziert, weil sie weitestgehend durch Länderrecht bestimmt wird und sich in den einzelnen Bundesländern teilweise stark unterscheidet. Wörtlich zitiert aus: https://de.wikipedia.org/wiki/Zuständigkeit_in_Angelegenheiten_der_Sozialhilfe#Allgemeine_Regelung

17 Pflegeberatung: Jetzt sind die Kommunen am Zug, in: aerzteblatt.de, Juni 2016, unter: https://www.aerzteblatt.de/nachrichten/69321/Pflegeberatung-Jetzt-sind-die-Kommunen-am-Zug

18 Deloitte, Rating Report 2017, unter: https://www2.deloitte.com/de/de/pages/life-sciences-and-healthcare/articles/pflegeheim-rating-report-2017.html

19 Happy Birthday, Pflegeversicherung! Norbert Blüm blickt auf Einführung zurück, in: Versicherungsbote.de, März 2014, unter: www.versicherungsbote.de/id/4792609/Happy-Birthday-Pflegeversicherung-Norbert-Bluem-blickt-stolz-auf-Einfuehrung-zurueck/

20 Zahlen laut Statistischem Bundesamt.

21 Ambulante und stationäre Pflegedienste nach Trägern 2017 absolut und in % aller Dienste, unter: www.sozialpolitik-aktuell.de/tl_files/sozialpolitik-aktuell/_Politikfelder/Gesundheitswesen/Datensammlung/PDF-Dateien/abbVI56_57.pdf

22 Dr. Stefan Etgeton, Die Versorgungslücke in der Pflegeversicherung wächst, in: Bertelsmann Stiftung, unter: www.bertelsmann-stiftung.de/de/unsere-projekte/abgeschlossene-projekte/pflege-vor-ort/projektthemen/pflegereport-2030/

23 Bürger sorgen sich um die Qualität der Pflege in deutschen Heimen, in: pwc.de, Dezember 2017, unter: www.pwc.de/de/pressemitteilungen/2017/buerger-sorgen-sich-um-die-qualitaet-der-pflege-in-deutschen-heimen.html

24 www.the-property-post.de/application/files/9115/3985/3013/Pflegeheim-Atlas-2018_Auszug.pdf

25 Statista, Anzahl der zu Hause sowie in Heimen versorgten Pflegebedürftigen seit 1999 bis 2017, unter: https://de.statista.com/statistik/daten/studie/36438/umfrage/anzahl-der-zu-hause-sowie-in-heimen-versorgten-pflegebeduerftigen-seit-1999/

26 Christoph Scheuplein, Michaela Evans, Sebastian Merkel, Übernahmen durch Private Equity im deutschen Gesundheitssektor, in: iat Discussion Papers, Januar 2019, unter: www.iat.eu/discussionpapers/download/IAT_Discussion_Paper_19_01.pdf

27 Caterina Lobenstein, Warum verdient Frau Noe nicht mehr?, in: Zeit online, Dezember 2017, unter: www.zeit.de/2017/51/altenpflege-lohn-unterschiede-bezahlung-fachkraefte/komplettansicht

28 Wikipedia-Eintrag: Alloheim, unter: https://de.wikipedia.org/wiki/Alloheim

29 Majunke, Secondary Buy-out: Carlyle erwirbt Alloheim Senioren Residenzen von Star Capital Partners, in: Deal-Advisors.com, August 2013, unter: http://deal-advisors.com/secondary-buy-out-carlyle-erwirbt-alloheim-senioren-residenzen-von-star-capital-partners

30 Michael Houben (Bearbeitung Friedemann Zweynert), Sparschwein Pflege: Wie Investoren mit Pflegeheimen Kasse machen, in: daserste.de, August 2019, unter: www.daserste.de/information/wirtschaft-boerse/plusminus/sendung/wie-investoren-mit-pflegeheimen-kasse-machen-100.html

31 www.presseportal.de/pm/51580/3958332

32 Max Geraedts, Charlene Harrington, Daniel Schumacher, Rike Kraska, Verhältnis zwischen Qualität, Preis und Profitorientierung deutscher Pflegeheime, in: zefq-Journal, März 2016, unter: https://zefq-journal.com/article/S1865-9217(16)30029-0/pdf.

33 Ebd.

34 Deutscher Bundestag, Marktwirtschaftliche Strukturen in der Pflege (Antwort auf eine kleine Anfrage), in: Dokumentations- und Informationssystem des Deutschen Bundestags.de, April 2019, unter: http://dipbt.bundestag.de/dip21/btd/19/089/1908924.pdf

35 Ebd.

36 Deutscher Bundestag, Marktwirtschaftliche Strukturen in der Pflege (Antwort auf eine kleine Anfrage), in: Dokumentations- und Informationssystem des Deutschen Bundestags.de, April 2019.

37 Ebd.

38 bpa-Bundesverband privater Anbieter sozialer Dienste e.V., Endlich regiert wieder die Vernunft, in: Presseportal, April 2019, unter: www.presseportal.de/pm/17920/4242122

39 Julian Illi, Bessere Noten für das Alloheim, in: Stuttgarter Nachrichten online, März 2017, unter: www.stuttgarter-nachrichten.de/inhalt.seniorenresidenz-anna-maria-in-ludwigsburg-bessere-noten-fuer-das-alloheim.14906128-6553-49bb-8795-739ad82e9750.html

40 Rafael Binkowski, Notbremse nach langer Leidenszeit, in: Stuttgarter Zei-

tung online, November 2017, unter: www.stuttgarter-zeitung.de/inhalt. heimschliessung-in-alloheim-residenz-ludwigsburg-notbremse-nach-lan ger-leidenszeit.2728c22e-0fe5-4b07-8210-c4ee9ce93a80.html?reduced= true

41   Twitteraccount EureMoneheit, unter: https://twitter.com/netmone

42   Zitiert aus: Der Pflegeaufstand – Geld verdienen mit Wehrlosen, Arte 2017.

43   Ebd.

44   GKV-Spitzenverband, Neues Pflegetransparenzsystem für Heime ab 1. November 2019, in: GKV-Spitzenverband online, März 2019, unter: https:// www.gkv-spitzenverband.de/gkv_spitzenverband/presse/pressemitteilun gen_und_statements/pressemitteilung_825984.jsp

45   Deutsche Stiftung Patientenschutz, Pflege-TÜV: Aussagefähige Gesamtnote und K.O.-Kriterien fehlen, in: Deutsche Stiftung Patientenschutz online, März 2019, unter: https://www.stiftung-patientenschutz.de/2019/03/ Pflege-T%C3%9CV-Aussagef%C3%A4hige-Gesamtnote-und-K.O.-Kriterien-fehlen

46   Zitiert aus: Der Pflegeaufstand – Geld verdienen mit Wehrlosen, Arte 2017.

47   Dr. Stefan Etgeton, Johannes Strotbek, Weisse Liste bewertet Pläne zum neuen Pflege-TÜV, in: Bertelsmann Stiftung.de, November 2018, unter: https://www.bertelsmann-stiftung.de/de/unsere-projekte/weisse-liste/ projektnachrichten/weisse-liste-bewertet-plaene-zum-neuen-pflege-tuev/

48   Marie-Luise Hauch-Fleck, Martyrium ohne Not, in: ZEIT online, Juli 2001, unter: https://www.zeit.de/2001/31/Martyrium_ohne_Not

49   Prof. Dr. Heinz Rothgang, Susanne Sünderkamp, Christian Weiß, Die Rolle der privaten Anbieter in der Pflegeversorgung in Deutschland, in: bpa.de, 2015, unter: http://www.bpa.de/fileadmin/user_upload/MAIN-dateien/ BUND/Studien/BU_Studie_0012.pdf

50   Quelle: Statistisches Bundesamt

51   Market Screener, unter: https://de.marketscreener.com/KORIAN-37408/ fundamentals/

52   Gregor Waschinski, Bundesregierung will Finanzinvestoren in der Zahnarzt versorgung ausbremsen, in: Handelsblatt online, März 2019, unter: https:// www.handelsblatt.com/politik/deutschland/gesundheitspolitik-bundes regierung-will-finanzinvestoren-in-der-zahnarztversorgung-ausbremsen/ 24078236.html?ticket=ST-140145-vUoBzzROtkYZQB7L27Mq-ap4

53   Andreas Hoffmann, Russische Geschäfte, in: Stern online, Februar 2019, unter: https://www.stern.de/wirtschaft/news/mit-betrug-in-der-pflege-verdient-man-wie-im-drogenhandel-8570656.html

54 Thomas Hummel, Lukrativer als Drogenhandel und Prostitution, in: Süd-deutsche Zeitung online, August 2017, unter: http://www.sueddeutsche.de/panorama/prozess-um-pflegedienstbetrug-lukrativer-als-drogenhandel-und-prostitution-13645950

55 Andreas Mihm, Ärzte und Apotheker in Pflegebetrugsskandal verwickelt, in: Frankfurter Allgemeine online, April 2016, unter: www.faz.net/aktuell/wirtschaft/geheimer-bka-bericht-liefert-details-ueber-pflegebetrug-14196990.html

56 Barbara Stolterfoth, Dr. Anke Martiny, Transparenzmängel, Betrug und Korruption im Bereich der Pflege und Betreuung, in: Transparency.de, Oktober 2013, unter: www.transparency.de/fileadmin/Redaktion/Publikationen/2013/Pflegegrundsaetze_TransparencyDeutschland_2013.pdf

57 Katrin Sanders, Arne Meyer-Fünffinger, Warum Abrechnungsbetrug in der Pflege so einfach ist, in: Deutschlandfunk online, September 2017, unter: https://www.deutschlandfunk.de/mangelnde-kontrolle-warum-abrechnungsbetrug-in-der-pflege.724.de.html?dram:article_id=397174

58 Katrin Sanders, Arne Meyer-Fünffinger, Warum Abrechnungsbetrug in der Pflege so einfach ist, in: Deutschlandfunk online, September 2017, unter: https://www.deutschlandfunk.de/mangelnde-kontrolle-warum-abrechnungsbetrug-in-der-pflege.724.de.html?dram:article_id=397174

59 Ebd.

60 Karl-Josef Laumann, Christiane Kaess, Unangemeldete Kontrollen sind schwierig, in: Deutschlandfunk.de, April 2016, unter: www.deutschlandfunk.de/abrechnungsbetrug-in-der-pflege-laumann-unangemeldete.694.de.html?dram:article_id=351708

61 Kristina Gnirke, Wie Krankenkassen beim Betrug in der Pflege zusehen, in: Spiegel online, Oktober 2018, unter: https://www.spiegel.de/wirtschaft/unternehmen/wie-krankenkassen-beim-betrug-in-der-pflege-zusehen-a-1232905.html

62 Quelle der Prozentangaben: Statistisches Bundesamt, unter: www.destatis.de/DE/Themen/Gesellschaft-Umwelt/Gesundheit/Pflege/_inhalt.html

63 bpa – Bundesverband privater Anbieter sozialer Dienste e.V., Politik organisiert Altersarmut, in: Presseportal.de, Oktober 2006, unter: www.presseportal.de/pm/17920/883188

64 Ebd.

65 bpa – Bundesverband privater Anbieter sozialer Dienste e.V., Endlich regiert wieder die Vernunft, unter: www.presseportal.de/pm/17920/4242122

66 Ebd.

67 Ebd.

68   bpa – Bundesverband privater Anbieter sozialer Dienste e.V. Pressemitteilung, 26. September 2019, Spahn wirbt im Ausland um Pflegekräfte und Maas verhindert die schnelle Einreise, unter: www.bpa.de/uploads/media/PM_77_BGST_Visum.pdf

69   bpa – Bundesverband privater Anbieter sozialer Dienste e.V., Bundesregierung soll Pflegekräfte im Ausland selbst anwerben, in: bpa.de, November 2018, unter: www.bpa.de/Aktuelles.112.0.html?&no_cache=1&tx_ttnews%5Btt_news%5D=4669&cHash=e2ac4ab14c94f2fbc2f428f7f86c130c

70   Zitate aus einem Telefoninterview mit Kordula Schulz-Asche am 18.7.2019.

71   Union und SPD legen Streitpunkte bei Reform der Pflegeausbildung bei, in: aezteblatt.de, Juni 2018, unter: www.aerzteblatt.de/nachrichten/95751/Union-und-SPD-legen-Streitpunkte-bei-Reform-der-Pflegeausbildung-bei

72   Ebd.

73   bpa – Bundesverband privater Anbieter sozialer Dienste e.V., Stellungnahme zur Ausbildungs- und Prüfungsverordnung für die Pflegeberufe, in: bpa.de, Juni 2018, unter: https://www.bpa.de/Fachinformationen-Positionen.91.0.html?&no_cache=1&tx_bpadocumentlist_pi1%5Bpointer%5D=5&tx_bpadocumentlist_pi1%5Buid%5D=976210

74   bpa – Bundesverband privater Anbieter sozialer Dienste e.V., Pflegeausbildung: Bundestag beschließt notwendige Nachbesserung – bpa hofft auf Fortbestand des Erfolgsmodells Altenpflege, in: Presseportal.de, Juni 2018, unter: https://www.presseportal.de/pm/17920/3983982

75   Wikipedia-Artikel, Rainer Brüderle: https://de.wikipedia.org/wiki/Rainer_Brüderle

76   bpa – Bundesverband privater Anbieter sozialer Dienste e.V., Brüderle: «Es gibt einfachere Wege zu höheren Löhnen», Juni 2019, unter: www.bpa-arbeitgeberverband.de/Presse.590.0.html?&tx_ttnews%5Btt_news%5D=434&cHash=3d094da1253866dd6ebb3c9291f70283

77   Zusammenfassung der Ergebnisse des verfassungsrechtlichen Gutachtens zum Thema «Erstreckung von Tarifvertragsnormen in der Pflege» von Prof. Dr. Dr. Udo Di Fabio, Sprechzettel Rainer Brüderle, März 2019, unter: www.bpa-arbeitgeberverband.de/uploads/media/2019-03-27_Newsticker_3_2019.pdf

78   bpa-Arbeitgeberverband, Brüderle: «Spahn fabuliert, macht aber seine Hausaufgaben nicht», Juli 2019, unter: www.bpa-arbeitgeberverband.de/Presse.590.0.html?&tx_ttnews%5Btt_news%5D=436&cHash=64c0e7093e4b283fa73c567c8d436130

79   bpa – Arbeitgeberverband, Brüderle: «Es gibt einfachere Wege zu höheren Löhnen», unter: www.bpa-arbeitgeberverband.de/Presse.590.0.html?&tx_

ttnews%5Btt_news%5D=434&cHash=3d094da1253866dd6ebb3c929
1f70283

80 Zentrum für europäische Wirtschaftsforschung GmbH, Bearbeitung: Dr. Melanie Arntz, Jun.-Prof. Dr. Stephan Thomsen: Evaluation eines personengebundenen Pflegebudgets in der ambulanten Altenhilfe. Ein Modellversuch zur Weiterentwicklung der Pflegeversicherung gemäß § 8 Abs. 3 SGB XI, unter: www.gkv-spitzenverband.de/media/dokumente/pflegeversicherung/forschung/projekte_unterseiten/pflegebudget/10_Anlage_kurz zusammenfassung_final_Juli_2008_3282.pdf

81 Aus einem Diskussionspapier des Fachforums des Deutschen Caritasverbandes zum persönlichen Pflegebudget vom 28.11.06

82 ABVP, Der ABVP warnt: Das Pflegebudget-Projekt ist eine Gefahr für professionelle Pflege, Arbeitsplätze und Qualität! Pressemitteilung Dezember 2005, unter: abvp.de/downloads/pressemitteilungen/PIP_242005_05122005.pdf

83 Deutscher Bundestag, Entschließungsantrag der Fraktion Bündnis 90/Die Grünen zur 3. Beratung des Gesetzentwurfs der Bundesregierung, November 2016, unter: http://dipbt.bundestag.de/doc/btd/18/105/1810530.pdf

84 Deutscher Städtetag, Pflege für alte Menschen aus einer Hand – Spielräume für Kommunen vergrößern, Pressemitteilung Juni 2016, unter: www.staedtetag.de/presse/statements/078313/index.html

85 bpa, Stellungnahme zum Gesetzentwurf der Bundesregierung für ein Drittes Gesetz zur Stärkung der pflegerischen Versorgung und zur Änderung weiterer Vorschriften, Oktober 2016, unter: www.bpa.de/Fachinformationen-Positionen.19.0.html?&no_cache=1&tx_bpadocumentlist_pi1%5Buid%5D=662431

86 bpa-Satzung, Stand Juni 2015, unter: https://www.bpa.de/fileadmin/user_upload/MAIN-dateien/BUND/bpa_Satzung_2015_Internet.pdf

87 Ebd.

88 Carina Zimniok, Heim kämpft nach Skandal gegen schlechten Ruf, in: Merkur, März 2013, unter: https://www.merkur.de/bayern/haunstettener-heim-augsburg-angehoerige-kaempfen-nach-pflege-skandal-gegen-schlechten-2809806.html

89 Robert von Lucius, Diakonie statt Caritas, in: FAZ, Juni 2009, unter: www.faz.net/aktuell/politik/inland/seniorenheime-in-finanznot-diakonie-statt-caritas-1816486.html

90 Kirsten Gaede, Altenpflege-Gehälter: Diakonie und Caritas sind top …, in: Pflegen Online, April 2019, unter: www.pflegen-online.de/altenpflege-gehaelter-diakonie-und-caritas-sind-top

91 Anne-Christin Gröger, Private Pflegeheime punkten mit dem Preis, in: Ärzte Zeitung, Februar 2016, unter: https://www.aerztezeitung.de/politik_gesell schaft/pflege/article/901455/kosten-qualitaet-private-pflegeheime-punk ten-preis.html

92 Bündnis für fairen Wettbewerb in der Altenpflege, Positionen für eine verlässliche und auskömmliche Refinanzierung der Altenpflege, Mai 2019, unter: https://www.awo.org/sites/default/files/2019-05/2019_05_22_%20 Anlage_B%C3%BCndnis%20Fairen%20Wettbewerb%20in%20der%20 Altenpflege.pdf

93 Erwin Rüddel auf Twitter, Februar 2018, unter: https://twitter.com/Erwin_ Rueddel/status/959903378540318726?s=20

94 Diverse Nutzer auf Twitter, Februar 2018, unter: https://twitter.com/ search?q=%23twitternwierueddel&src=typd&lang=de

95 Daniel Drepper, Jeder pflegt allein. Wie es in deutschen Heimen wirklich zugeht, CORRECTIV, Juni 2016.

96 Daniel Drepper, Altenheime: Ausgepflegt, in: Zeit Online, August 2016, unter: https://www.zeit.de/wissen/gesundheit/2016-08/altersheime-pflege-personal-mangel-arbeitsbedingungen

97 Hermann Ludwig, Höxteraner Pflegeheim schließt wegen Fachkräftemangel, in: Neue Westfälische, Juni 2019, unter: https://www.nw.de/ lokal/kreis_hoexter/hoexter/22491932_Hoexteraner-Pflegeheim-schliesst-wegen-Fachkraeftemangel.html

98 Angelika Kuhlmann, Zu wenig Fachkräfte: Erstes Pflegeheim in NRW muss schließen, in: Neue Westfälische, September 2018, unter: https://www. nw.de/nachrichten/zwischen_weser_und_rhein/22241896_Pflege-steht-mit-dem-Ruecken-zur-Wand.html

99 Dieter Weber, Stroetges-Haus: Zwei leitende Pflegekräfte erhielten die Kündigung noch in der Probezeit, in: RP Online, September 2018, unter: rp-online.de/nrw/staedte/moenchengladbach/moenchengladbach-heftige-kritik-von-verdi-an-altensportverein_aid-32907627

100 bpa, Qualität in der Pflege auch mit einer flexibleren Fachkraftquote gesichert, Pressemitteilung, Juli 2017, unter: www.presseportal.de/pm/17920/ 4315132

101 Ebd.

102 Armin Rieger, Der Pflege-Aufstand. Ludwig Verlag, April 2017.

103 Sozialpolitik aktuell, Ambulante und stationäre Pflegedienste nach Trägern 2017 (Infografik), unter: www.sozialpolitik-aktuell.de/tl_files/sozial politik-aktuell/_Politikfelder/Gesundheitswesen/Datensammlung/PDF-Dateien/abbVI56_57.pdf

104 Thorsten Maybaum, Pflegeberatung: Jetzt sind die Kommunen am Zug, in: Deutsches Ärzteblatt, Juni 2016, unter: www.aerzteblatt.de/nachrich ten/69321/Pflegeberatung-Jetzt-sind-die-Kommunen-am-Zug

105 Ebd.

106 GKV-Spitzenverband, Empfehlungen des GKV-Spitzenverbandes über die konkreten Voraussetzungen, Ziele, Inhalte und Durchführung der Modellvorhaben zur kommunalen Beratung Pflegebedürftiger und ihrer Angehörigen nach § 123 Abs. 4 SGB XI, Dezember 2017, unter: www.gkv-spitzenverband.de/media/dokumente/pflegeversicherung/richtlinien_ver einbarungen_formulare/richtlinien_zur_pflegeberatung_und_pflegebe duerftigkeit/2018_01_26_Pflege_Empfehlungen_nach_123_IV_SGB_XI.pdf

107 Antonio Brettschneider, Die Rolle der Kommunen: Ziele, Handlungsfelder und Gestaltungsmöglichkeiten kommunaler Pflegepolitik, in: Pflege-Report 2019, Springer, Juli 2019, unter: https://link.springer.com/chapter/101007/978-3-662-58935-9_18

108 Ebd.

109 bpa, bpa sieht Angehörigen-Entlastungsgesetz positiv, Pressemitteilung August 2019, unter: www.bpa.de/News-detail.12.0.html?&no_cache=1&tx _ttnews%5Btt_news%5D=5101&cHash=9ff.c19e2adc883b6c27b0e24c3ed ca9d

110 Cornelia Heinze, Auf der Highroad – der skandinavische Weg zu einem zeit-gemäßen Pflegesystem. Friedrich-Ebert-Stiftung, April 2015, unter: http://library.fes.de/pdf-files/wiso/11337.pdf

111 Eurostat, Healthcare expenditure statistics, Juli 2019, unter: https://ec.eu ropa.eu/eurostat/statistics-explained/index.php/Healthcare_expenditure _statistics

112 Quelle: Interview mit Dr. Cornelia Heintze am 25.4.2019 in Leipzig.

113 Quellen und Hintergründe zu Kapitel 14: Pflege-Report 2015, Pflege zwi-schen Heim und Häuslichkeit, Schattauer, März 2015, S. 83–94; Gerlinde Hauer, Buurtzorg – Vom Pilotprojekt zum größten Non-Profit-Unternehmen in der mobilen Pflege, in: A&Q Blog, April 2016, unter: https://awblog.at/buurtzorg-vom-notstand-in-der-pflege-zur-sozialen-innovation; Thomas Gerlinger, Die Finanzierung des Gesundheitswesens in den Niederlanden, in: bpb, September 2014, unter: https://www.bpb.de/politik/innenpolitik/gesundheitspolitik/72969/finanzierung?p=all

114 Statistisches Bundesamt, Empfängerinnen und Empfänger von Hilfe zur Pflege insgesamt im Laufe des Jahres im Zeitvergleich, April 2019, unter: www.destatis.de/DE/Themen/Gesellschaft-Umwelt/Soziales/Sozialhilfe/Tabellen/hzp-t04-empf-insg-odl-geschl-ilj-zv-ab1995.html